华东师范大学第二附属中学·校本教材

哲学家说些什么

华　厦◎编著

华东师范大学出版社

目 录

前　言

　　给初学者一种可以"触碰"的哲学，这是近些年我给高中生讲哲学类课程时最基本的想法。哲学问题大多曲折幽回，不谙此道的初学者往往对哲学有悬空缥缈之感。有什么办法让初学者窥得哲学门径，使他们能够真正触摸到一点哲学呢？

　　华东师范大学第二附属中学提供给我一个极其难得的平台，让我探索中学阶段哲学教育的理想得以实现。我在不同场合开设了"哲学家说些什么"、"西方哲学小史"、"逻辑与哲学"、"当代知识论初步"、"《共产党宣言》精读"等各类哲学课程。这些教育实践使我深切地体悟到：必须要有一个支点，才能让哲学获得分量感，才能撬动思想、撞击心灵。这个支点就是哲学家写下的那些第一手文字。

　　本选修课以及教材的编撰尝试提供各种支点。我分别选取了哲学中最核心的几个分支，如形而上学、知识论、伦理学、政治哲学，每个分支都选择了一些供学生在课堂上阅读的材料（我将自己的选修课称为"读书沙龙"或"读书俱乐部"）。细心的读者会发现，这些材料的选择是经过认真考虑的。为了让学生了解哲学的全貌和哲学发展的每个时间段，从古希腊到 21 世纪，都有中英文选文；哲学风格既囊括传统学院化的哲学，也有非学院化的哲学；还考虑到了（西方）哲学与其他文明的伟大智慧的比较。

　　更重要的是，选文都包含着清楚明白的问题意识和简洁有力的论证。文本都不难，甚至可谓妙趣横生。我希望学生读了这些文字后，不再把哲学当作供在神坛上的展览品，而是把它当作可以亲身参与思索和争辩的问题。这也使我在为所选段落编写导读和注解的时候,努力指明选文所要面对的具体问题是什么、它与我们的感性生活有什么关联。我的注解也尽量做到通俗但不庸俗,浅显但不浅薄。

最后说明本书每一讲的体例。每一讲基本包括以下部分:"哲学家如是说A"、"哲学家如是说B"、"知识窗"、"他是谁"、"思考题"、"进一步阅读书目"和楷体字注解。其中,思考题、楷体字注解、进一步阅读书目以及全书结构皆由我原创,不足之处还望大家指出。"哲学家如是说A"是精读篇目,每篇我都辅以注解。"哲学家如是说B"是泛读篇目,我只对重点进行圈画并提出思考题。以上两组选文来自于哲学家原著,但几乎都由我进行了删减。"知识窗"、"他是谁"两个栏目主要援引了维基百科、斯坦福哲学百科全书、牛津哲学辞典等资源。所有非原创部分皆在正文中标明了出处,我向这些作者表示诚挚的感谢。

在这个由各类"精编"支配高中生思想和性情的时代,但愿这册书和我的几门选修课能为他们的生活增添些许"理趣"(intellectual fun)。

华 厦

2018年2月

第一讲 　哲学的使命和哲学家的形象（上）——走出洞穴

他是谁？

PLATO was a philosopher in Classical Greece and the founder of the Academy in Athens, the first institution of higher learning in the Western world. He is widely considered the most pivotal figure in the development of philosophy, especially the Western tradition. Unlike nearly all of his philosophical contemporaries, Plato's entire work is believed to have survived intact for over 2,400 years.

Along with his teacher, Socrates, and his most famous student, Aristotle, Plato laid the foundations of Western philosophy and science. Alfred North Whitehead once noted: "the safest general characterization of the European philosophical tradition is that it consists of a series of footnotes to Plato." In addition to being a foundational figure for Western science, philosophy, and mathematics, Plato has also often been cited as one of the founders of Western religion and spirituality.

Plato was the innovator of the written dialogue and dialectic forms in philosophy. Plato appears to have been the founder of Western political philosophy, with his *Republic*, and *Laws* among other dialogues, providing some of the earliest extant treatments of political questions from a philosophical perspective. Plato's own most decisive philosophical influences are usually thought to have been

Socrates, Parmenides, Heraclitus and Pythagoras, although few of his predecessors' works remain extant and much of what we know about these figures today derives from Plato himself.

From Wikipedia("Plato")

知识窗

What is this thing called philosophy?

PHILOSOPHY (GK. love of knowledge or wisdom) is the study of the most general and abstract features of the world and categories with which we think: mind, matter, reason, proof, truth, etc. In philosophy, the concepts with which we approach the world themselves become the topic of enquiry. A philosophy of a discipline such as history, physics, or law seeks not so much do solve historical, physical, or legal questions, as to study the concepts that structure such thinking, and to lay bare their foundations and presuppositions.

In this sense philosophy is what happens when a practice becomes self-conscious. The borderline between such 'second - order' reflection, and ways of practicing the first-order discipline itself, is not always clear: philosophical problems may be tamed by the advance of a discipline, and the conduct of a discipline may be swayed by philosophical reflection. At different times there has been more or less optimism about the possibility of a pure or 'first' philosophy, taking an a priori standpoint from which other intellectual practices can be impartially assessed and subjected to logical evaluation and correction. The contemporary spirit of the subject is hostile to any such possibility, and prefers to see philosophical reflection as continuous with the best practice of any field of intellectual enquiry.

From Simon Blackburn：*Oxford Dictionary of Philosophy*［M］．

New York：Oxford University Press，2007．

哲学家如是说 A 篇

《理想国》"洞穴比喻"选节
柏拉图

苏格拉底：接下来让我们把受过教育的人与没受过教育的人的本质比作下述情形。让我们想象一个洞穴式的地下室，它有一长长通道通向外面，可让和洞穴一样宽的一路亮光照进来。有一些人从小就住在这洞穴里，头颈和腿脚都绑着，不能走动也不能转头，只能向前看着洞穴后壁。让我们再想象在他们背后远处高些的地方有东西燃烧着发出火光。在火光和这些被囚禁者之间，在洞外上面有一条路。沿着路边已筑有一带矮墙。矮墙的作用像傀儡戏演员在自己和观众之间设的一道屏障，他们把木偶举到屏障上头去表演。

格劳孔：我看见了。

柏拉图是一位极其伟大的哲学家，因为他为整个哲学设定了议事日程（set an agenda）。怀特海（Alfred North Whitehead）毫不夸张地告诉我们："如果为欧洲整个哲学传统的特征作一个最稳妥的概括，那就是，它不过是对柏拉图哲学的一系列注脚。"后来我们所能见到的大量哲学讨论，在某种程度上都可以回到柏拉图的立场：要么是为柏拉图主义辩护，要么是反对柏拉图主义。

柏拉图哲学中最有穿透力的思想是什么呢？大概不少人会提到他的理念

论哲学(idealism,考虑到思想的演变和中文语境的特殊性,idealism 的译法千变万化,比如观念论、理形论、唯心主义、理想主义等)。一看到 idealism 这个词,你们一定想起了哲学史上许许多多的讨论和思考了吧。甚至我们的高中哲学教科书都提及马克思对 idealism 的批判。

要想了解柏拉图的理念论到底是什么,就不得不读读《理想国》第七卷中这个极其有名的"洞穴比喻"(The Cave)。柏拉图用优美易懂的语言,生动地向我们讲述了一个充满"科幻"色彩的故事,理念论的深意蕴含在洞穴人的故事之中。不仅如此,我也把它看作柏拉图对哲学和哲学家使命的一种深刻描述。哲学家们是一批什么样的人?哲学为何重要?这位"设定了议事日程"的柏拉图如是说。

苏格拉底:接下来让我们想象有一些人拿着各种器物举过墙头,从墙后面走过,有的还举着用木料、石料或其他材料制作的假人和假兽。而这些过路人,你可以料到有的在说话,有的不在说话。

柏拉图通过苏格拉底和格劳孔的几句对话,素描式地勾勒出洞穴人的生活。如果你们看过皮影戏的话,一定会发现洞穴人的生活就像观众在看皮影戏:观众们双目所见的是玩偶们在光线照射下映在屏幕上的光影,玩偶们则是对真实事物的仿制。观众们对玩偶们的表演看得可认真啦!

◆ 请你们试着用一幅图画出洞穴比喻的内容。

格劳孔:你说的是一个奇特的比喻和一些奇特的囚徒。

柏拉图真是一位出色的哲学创造者,他用对话录(dialogue)的方式来撰写哲学,而不像今天大多数哲学家那样采用论文的形式(最近用对话方式撰写哲学并且取得成功的大概要属当红的大哲学家威廉姆森(Timothy Williamson),他在 2015 年出版了 *Tetralogue: I am right, you are wrong* 一书。不过这本书更多的是一本具有学术品位的哲学畅销书。

读用对话录写的哲学书就像看话剧,登场人物的神态性格也跃然纸上。比如这次和"最聪明的"苏格拉底对话的是柏拉图的兄弟格劳孔。格劳孔看来和苏格拉底的智慧不在一个水平上。当苏格拉底说完洞穴的比喻,格劳孔有些糊涂,随口接了一句,这东西真科幻、真玄妙、真好莱坞!

可是,洞穴和洞穴人真的奇特吗?

苏格拉底:不,他们是一些和我们一样的人。你且说说看,你认为这些囚徒除了火光投射到他们对面洞壁上的阴影而外,他们还能看到自己的或同伴们的什么呢?

◆ 讨论一下,说说为什么苏格拉底说洞穴人"他们是一些和我们一样的人"?我们可是生活在地面上的头脑灵活的现代人啊!

格劳孔:如果他们一辈子头颈被限制了不能转动,他们又怎样能看到别的什么呢?

苏格拉底:那么,后面路上人举着过去的东西,除了它们的阴影而外,囚徒们能看到它们别的什么吗?

格劳孔:当然不能。

苏格拉底:那么,如果囚徒们能彼此交谈,你不认为,他们会断定,他们在讲自己所看到的阴影时是在讲真物本身吗?

格劳孔:必定如此。

苏格拉底:又,如果一个过路人发出声音,引起囚徒对面洞壁的回声,你不认为,囚徒们会断定,这是他们对面洞壁上移动的阴影发出的吗?

格劳孔:他们一定会这样断定的。

苏格拉底:因此无疑,这种人不会想到,上述事物除阴影而外还有什么别的实在。

格劳孔:无疑的。

格劳孔也许并没有错,因为柏拉图的"洞穴比喻"放到我们今天,的确奇特且刺激,够得上拍一部好莱坞电影的金点子(idea,看,这里又有柏拉图的 idea)。20 世纪 90 年代好莱坞有一部电影叫《楚门的世界》(*The Truman Show*),主人公楚门像一个普通美国人那样生活，按部就班、朝九晚五。这一切对于他而言是最现实（reality，或者如选文所译最"实在"）不过的东西了！直到有一天，他发现了一些古怪，比如明明死去的人又活蹦乱跳地出现了，和他相熟的人突然失踪等等。直到最后，他发现，原来这看似真实或现实的生活，其实是一场"外面人"精心设计的秀，所有现实的街道、真实的人物，都是所谓的舞台布景和NPC，而他自己正是这场"楚门秀"的男主角。楚门陷入了深深的疑惑，这种疑惑是柏拉图式的：到底什么叫做现实——"还有什么别的实在"？

楚门的生活如此，我们的生活也会是这样吗？洞穴人的头被桎梏起来，把真实事物模仿物的影子当作真实的东西，现代人的头脑也有这样或那样的先入之见（prejudice），也不可避免地坐井观天，把眼前的一切理所当然地接受下来。

我们会不会也是"柏拉图剧场"的一分子呢？

◆ 有没有什么方法证明"洞穴人的假设"不能应用于我们身上？

苏格拉底：那么，请设想一下，如果他们被解除禁锢，矫正迷误，你认为这时他们会怎样呢？如果真的发生如下的事情：其中有一人被解除了桎梏，被迫突然站了起来，转头环视，走动，抬头看望火光，你认为这时他会怎样呢？他在做这些动作时会感觉痛苦的，并且，由于眼花缭乱，他无法看见那些他原来只看见其阴影的实物。如果有人告诉他，说他过去惯常看到的全然是虚假，如今他由于被扭向了比较真实的器物，比较地接近了实在，所见比较真实了，你认为他听了这话会说些什么呢？如果再有人把墙头上过去的每一器物指给他看，并且逼他说出那是些什么，你不认为，这时他会不知说什么是好，并且认为他过去所看到的阴影比现在所看到的实物更真实吗？

格劳孔：更真实得多呀！

苏格拉底：如果他被迫看火光本身，他的眼睛会感到痛苦，他会转身走开，仍旧逃向那些他能够看清而且确实认为比人家所指示的实物还更清楚更实在的影像的。不是吗？

格劳孔：会这样的。

苏格拉底：再说，如果有人硬拉他走上一条陡峭崎岖的坡道，直到把他拉出洞穴见到了外面的阳光,不让他中途退回去,他会觉得这样被强迫着走很痛苦,并且感到恼火;当他来到阳光下时,他会觉得眼前金星乱蹦金蛇乱窜,以致无法看见任何一个现在被称为真实的事物的。你不认为会这样吗?

格劳孔:噢,的确不是一下子就能看得见的。

哲学到底在这个被资本和技术原则支配的世界担负了何种使命?哲学既不能给人们带来资本,也不可能如互联网技术那样对生活产生实际上的影响。难怪哲学在今天是一门很少有人问津的"隐学",一到高考填写志愿之际,哲学系往往是最不受待见,甚至让人避而远之的院系。也许,哲学天生地占有这种基因:第一位哲学家泰勒斯不也因为只看天而不看脚下的路,掉到坑里而被他的婢女嘲笑吗?

按照柏拉图以降的古典说法,哲学是解除人们头脑中的枷锁,从而看到世界真实面貌的高级学问(哲学本身的异质和多样表明了上述观点尽管会被公认,但也会存在着其他解释)。改造《浮士德》里关于女性的经典名言,我们或许可以这样说哲学:"永恒之哲学,引导我上升。"从虚假的洞穴世界上升到真实的世界,这离不开哲学的力量。

不过,学习哲学,看清真实的过程,并不是一条一帆风顺的道路。它如此的"陡峭崎岖",走上这条路会让你感到痛苦彷徨,让你感到抑郁无助。我自己学习哲学也有好些年月,常常为无法理解某个复杂的哲学论证而焦头烂额、夜不能寐,走哲学之路无异于和理智痛苦(epistemic agony)相伴相随!

你们大概都有这样痛苦的经历吧。记得曾经家访,有个女生向我吐露初进高中时痛苦彷徨的内心感受:所有教学内容突然之间难了很多,简直如柏拉图所言,让人"眼前金星乱蹦金蛇乱窜",以至于什么都看不清、什么都不明白。其实,我真为你们有这样的学习体验而感到愉快。柏拉图在"洞穴之喻"中告诉我们,痛苦伴随着真理的来临,真理正在向苦恼的你们招手!反过来,如果你们老觉得生活中只有甜蜜和安逸,那么你也要问问自己:我是不是睡着了?

◆ 如果我不想知道外面的真实世界如何,也不想如此痛苦。这种想法和行动有其正当性吗?

苏格拉底：因此我认为，要他能在洞穴外面的高处看得见东西，大概需要有一个逐渐习惯的过程。首先大概看阴影是最容易，其次要数看人和其他东西在水中的倒影容易，再次是看东西本身；经过这些之后他大概会觉得在夜里观察天象和天空本身，看月光和星光，比白天看太阳和太阳光容易。

格劳孔：当然啰。

苏格拉底：这样一来，我认为，他大概就终于能直接观看太阳本身，看见他的真相了，就可以不必通过水中的倒影或影像，或任何其他媒介中显示出的影像看它了，就可以在它本来的地方就其本身看见其本相了。

格劳孔：这是一定的。

苏格拉底：接着他大概对此已经可以得出结论了：造成四季交替和年岁周期，主宰可见世界一切事物的正是这个太阳，它也就是他们过去通过某种曲折看见的所有那些事物的原因。

格劳孔：显然，他大概会接着得出这样的结论。

那么，在柏拉图看来，到底什么是真实的，什么是虚假的呢？这里就牵涉到他的理念论。柏拉图继承了先哲巴门尼德（Parmenides of Elea）的想法，认为世界大致上可以分成三个部分：不存在的世界，即洞穴壁上的幻影；既存在又不存在的世界，即那些皮影玩偶；存在的世界，即洞穴外的真实世界。

我们用肉体感官所体察到的世界属于既存在又不存在的世界，这个世界中所有的东西都在生成毁灭，正所谓沧海桑田，今天是繁荣的都市，明天就是一片废墟；今天我们情比金坚，明天我们各奔东西。世界就是变动不居、不会停留。

反过来，最真实的世界是理念世界。这个世界不能为我们的肉体所察觉，而只能用"心智的眼睛"（eidos）去看，也就是用理智去思考。柏拉图说，这个理念世界反倒是最现实或实在的，里面的所有东西都不变不动、永恒崇高。我们所谓的现实世界，都是理念世界中的理念的模仿物，比如我们眼前的桌子，不过是理念世界中永恒的桌子理念的模仿物；我们所画的三角形，也只是理念世界中完美的三角形理念的模仿物。

理念世界中的诸种理念也分有一定的等级，比如像桌子理念之类具体个别事物的理念的等级就比较低,而抽象的数学理念的等级就比较高。而理念界中处于最高地位的理念乃洞穴比喻中的"太阳",即善(good)的理念。这些看法后来也被一些新柏拉图主义者(Neoplatonism)进一步神秘化,成为了后来基督教神哲学的理论来源之一。

柏拉图在追寻现实的过程中,反倒找到了一个我们今天看起来不那么现实的理念世界,同时又给后世提出了一系列的二元划分,如现实的与虚假的、肉体的与心智的、特殊的与普遍的等。当代有许多哲学家不同意柏拉图哲学,不过,无论哲学家们对柏拉图持何种立场,他们都无法绕过柏拉图去言说哲学,这也是柏拉图哲学的魅力所在。

摘自柏拉图著,郭斌和、张竹明译. 理想国[M].

北京:商务印书馆. 2002.

哲学家如是说 B 篇

黑格尔对听众的致辞
——一八一八年十月二十二日在柏林大学的开讲辞
黑格尔(G. W. F. Hegel)

诸位先生:

今天我是奉了国王陛下的召命,初次到本大学履行哲学教师的职务。请让我先说几句话,就是我能有机会在这个时刻承担这个有广大学院效用的职位,我感到异常荣幸和欣愉。就时刻来说,似乎这样的情况已经到来,即哲学已有了引人注意和爱好的展望,而这几乎很消沉的科学也许可以重新提起它的呼声。因为在短期前,一方面由于时代的艰苦,使人对于日常生活的琐事予以太大的重视,另一方面,现实上最高的兴趣,却在于努力奋斗首先去复兴并拯救国家民族生活上政治上的整个局势。这些工作占据了精神上的一切能力，各阶层人民的一切力量，以及外在的手段，致使我们精神上的内心生活不能赢得宁静。世界精神太忙碌于现实，太驰骛于外界，而不遑回到内心，转回自身，以徜徉自怡于自己原有的家园中。现在现实潮流的重负已渐减轻，日尔曼民族已经把他们的国家，一切有生命有意义的生活的根源，拯救过来了，于是时间已经到来，在国家内，除了现实世界的治理之外，思想的自由世界也会独立繁荣起来。一般讲来，精神的力量在时间里已有了如此广大的效力：即凡现时尚能保存的东西，可以说只是理念和符合理念的东西，并且凡能有效力的东西必然可以在识见和思想的前面获得证明。特别是我们现在所寄托的这个国家，由于精神力量的高度发展，而提高其重量于现实世界和政治事件中，就力量和独立性来说，已经和那些在外在手段上曾经胜过我国的那些国家居于同等地位了。由此足见教育和科学所开的花本身即是国家生活中一个主要的环节。我们这个大学既是大学的中心，也是对于一切精神教育，一切科学和真理的中心，<u>哲学，必须尊重其地位，优予培植</u>。

不仅是说一般的精神生活构成国家存在的一个基本环节，而是进一步说，人民与贵族阶级的联合，为独立，为自由，为消灭外来的无情的暴君统治的伟大斗争，其较高的开端是起于精神之内。精神上的道德力量发挥了它的潜能，举起了旗帜，于是我们的爱国热情和正义感在现实中均得施展其威力和作用。我们必须重视这种无价的热情，我们这一代的人均生活于、行动于、并发挥其作用于这种热情之中。而且一切正义的、道德的、宗教的情绪皆集中在这种热情之中。——在这种深邃广泛的作用里，精神提高了它的尊严，而生活的浮泛无根，兴趣的浅薄无聊，因而就被彻底摧毁。而浅薄表面的识见和意见，均被暴露出来，因而也就烟消云散了。<u>这种精神上情绪上深刻的认真态度也是哲学的真正的基础。哲学所要反对的，一方面是精神沉陷在日常急迫的兴趣中，一方面是意见的空疏浅薄。精神一旦为这些空疏浅薄的意见所占据，理性便不能追寻它自身的目的，因而没有活动的余地。</u>当人们感到努力以寻求实体性的内容的必要性，并转而认为只有具有实体性内容的东西才有效力时，这种空疏浅薄的意见必会消逝无踪。但是在这种实体性的内容里，我们看见了时代，我们又看见了这样一种核心的形成,这核心向政治、伦理、宗教、科学各方面广泛的开展,都已付托给我们的时代了。

我们的使命和任务就是在这青春化和强有力的实体性基础上培养起哲学的发展。这种实体性的内容的青春化现在正显示其直接的作用和表现于政治现实方面,同时进一步表现在更伟大的伦理和宗教的严肃性方面,表现在一切生活关系均要求坚实性与彻底性方面。最坚实的严肃性本身就是认识真理的严肃性。这种要求——由于这要求使得人的精神本性区别于他的单纯感觉和享受的生活——也正是精神最深刻的要求,它本身就是一普遍的要求。一方面可说是时代的严肃性激动起这种深刻的要求,一方面也可说这种要求乃是日尔曼精神的固有财产。就日尔曼人在哲学这一文化部门的优异成果而论,哲学研究的状况、哲学这个名词的意义即可表示出来。在别的民族里哲学的名词虽还保存着,但意义已经改变了,而且哲学的实质也已败坏了,消失了,以致几乎连对于它的记忆和预感一点儿也都没有存留了。哲学这门科学已经转移到我们日尔曼人这里了,并且还要继续生活于日尔曼人之中。保存这神圣的光明的责任已经付托给我们了,我们的使命就在于爱护它、培育它,并小心护持,不要使人类所具有的最高的光明,对人的本质的自觉熄灭了,沦落了。

但就在德国在她新生前一些时候,哲学已空疏浅薄到了这样的程度,即哲学自己以为并确信它曾经发现并证明没有对于真理的知识;上帝、世界和精神的本质,乃是一个不可把握不可认知的东西。精神必须停留在宗教里,宗教必须停留在信仰、情感和预感里,而没有理性知识的可能。知识不能涉及绝对和上帝的本性,不能涉及自然界和精神界的真理和绝对本质,但一方面它仅能认识那消极的东西,换言之,真理不可知,只有那不真的,有时间性的和变幻不居的东西才能够享受被知的权利。——一方面属于知识范围的,仅是那些外在的,历史的偶然的情况,据说只有从这里面才会得到他们所臆想的或假想的知识。而且这种知识也只能当作一种历史性的知识,须从它的外在方面搜集广博的材料予以批判的研究,而从它的内容我们却得不到真诚严肃的东西。他们的态度很有些像拜拉特的态度,当他从耶稣口里听到真理这名词时,他反问道:"真理是什么东西?"他的意思是说,他已经看透了真理是什么东西,他已经不愿再理会这名词了，并且知道天地间并没有关于真理的知识。所以放弃对真理的知识，自古就被当作最可轻视的、最无价值的事情，却被我们的时代推崇为精神上最高的胜利。

这个时代之走到对于理性的绝望，最初尚带有一些痛苦和伤感的心情。但不久宗教上和伦理上的轻浮任性，继之而来的知识上的庸俗浅薄——这就是所谓启蒙——便坦然自得地自认其无能，并自矜其根本忘记了较高兴趣。最后所谓批判哲学曾经把这种对永恒和神圣对象的无知当成了良知，因为它确信曾证明了我们对永恒、神圣、真理什么也不知道。这种臆想的知识甚至也自诩为哲学。为知识肤浅、性格浮薄的人最受欢迎，最易接受的也莫过于这样的学说了。因为根据这个学说来看，正是这种无知，这种浅薄空疏都被宣称为最优秀的，为一切理智努力的目的和结果。

不去认识真理，只去认识那表面的有时间性的偶然的东西——只去认识虚浮的东西，这种虚浮习气在哲学里已经广泛地造成，在我们的时代里更为流行，甚至还加以大吹大擂。我们很可以说，自从哲学在德国开始出现以来，这门科学似乎从来没有这样恶劣过，竟会达到这样的看法，这样的蔑视理性知识，这样的自夸自诩，这样的广泛流行。——这种看法仍然是从前一时期带过来的，但与那真诚的感情和新的实体性的精神却极为矛盾。对于这种真诚的精神的黎明，我致敬，我欢呼。对于这种精神我所能做的，仅在于此：因为我曾经主张哲学必须有真实内容，我就打算将这个内容在诸君前面发挥出来。

但我要特别呼吁青年的精神，因为青春是生命中最美好的一段时间，尚没有受到迫切需要的狭隘目的系统的束缚，而且还有从事于无关自己利益的科学工作的自由。——同样青年人也还没有受过虚妄性的否定精神，和一种仅只是批判劳作的无内容的哲学的沾染。一个有健全心情的青年还有勇气去追求真理。真理的王国是哲学所最熟习的领域，也是哲学所缔造的，通过哲学的研究，我们是可以分享的。凡生活中真实的伟大的神圣的事物，其所以真实、伟大、神圣，均由于理念。哲学的目的就在于掌握理念的普遍性和真形相。自然界是注定了只有用必然性去完成理性。但精神的世界就是自由的世界。举凡一切维系人类生活的，有价值的，行得通的，都是精神性的。而精神世界只有通过对真理和正义的意识,通过对理念的掌握,才能取得实际存在。

　　我祝愿并且希望,在我们所走的道路上,我可以赢得并值得诸君的信任。但我首先要求诸君信任科学,相信理性,信任自己并相信自己。追求真理的勇气,相信精神的力量,乃是哲学研究的第一条件。人应尊敬他自己,并应自视能配得上最高尚的东西。精神的伟大和力量是不可以低估和小视的。那隐蔽着的宇宙本质自身并没有力量足以抗拒求知的勇气。对于勇毅的求知者,它只能揭开它的秘密,将它的财富和奥妙公开给他,让他享受。

摘自黑格尔著,贺麟译.小逻辑[M].上海:上海人民出版社,2009.

思考题

1. 作为柏林大学的教授,黑格尔需要给本科生们上哲学史课。本文就是当年他正式开讲前的开场白。黑格尔一改佶屈聱牙之风,向青年学生们振臂呼喊:哲学与青年精神紧密关联。请你解释两者之间的内在联系,并谈谈你的体会。

2. 黑格尔认为"不去认识真理,只去认识那表面的有时间性的偶然的东西"是一种虚浮的习气。你是否认同他的这个观点?

3. 黑格尔在文中提到当时德国的哲学十分空疏浅薄,以至于"哲学自己以为并确信它曾经发现并证明没有对于真理的知识"。请你去图书馆搜集资料,弄明白黑格尔的这些话是针对谁的何种思想而言的。

4. 黑格尔说:"哲学,必须尊重其地位,优予培植。"哲学显然不能带来实际的益处,为什么要尊重和培植它呢?在学科日益精细多样的21世纪,哲学真的还像以前那样重要吗?如果你是一名大学校长,你会优先发展工科、医科、理科,还是哲学呢?

进一步阅读的书目

1. 所罗门、希金斯. 大问题：简明哲学导论（第 9 版）[M].桂林：广西师范大学出版社,2014.
2. 斯通夫、费泽. 西方哲学史：从苏格拉底到萨特及其后（影印第 8 版）[M].北京：世界图书出版公司北京公司,2013.

要想窥得哲学门径，最便捷的手段是读书。以上两本书是我见过的哲学入门读物中的佳品。它们原汁原味地向大家展示了哲学的大致问题域、哲学历史的发展，甚至还触及了一些当下哲学的发展情况。前者用问题中心的写作方法，罗列了知识论、形而上学、宗教、道德哲学等多个哲学分支中针对不同问题的各家观点和互相辩难。后者则梳理了几千年的哲学发展，清晰地刻画了历史上出现过的某些论证。两本书写法生动有趣，语言平易近人，如果是看影印版，英语表达也十分流畅直白，适合你们阅读。

3. Wikipedia

网络资源当中，维基百科最佳。当然，还有更专业的网络哲学词典，比如《斯坦福哲学百科全书》（*Stanford Encyclopedia of Philosophy*）、《网络哲学词典》（*Internet Encyclopedia of Philosophy*）。不过后两者专业程度比较高（尤其是斯坦福哲学百科），因而适合更高阶的阅读者，对初学者反而容易造成困扰。

第二讲　哲学的使命和哲学家的形象（下）——重回洞穴

知识窗

THE REPUBLIC is a Socratic dialogue, written by Plato around 380 BC, concerning justice (δικαιοσύνη), the order and character of the just, city – state, and the just man. It is Plato's best – known work, and has proven to be one of the world's most influential works of philosophy and political theory, both intellectually and historically.

In the book's dialogue, Socrates discusses the meaning of justice and whether or not the just man is happier than the unjust man with various Athenians and foreigners. They consider the natures of existing regimes and then propose a series of different, hypothetical cities in comparison. This culminates in the discussion of Kallipolis (Καλλίπολις), a hypothetical city – state ruled by a philosopher king. They also discuss the theory of forms, the immortality of the soul, and the role of the philosopher and that of poetry in society. The dialogues may have taken place during the Peloponnesian War.

In his *A History of Western Philosophy* (1945), Bertrand Russell identifies three parts to the Republic: Books I – V: the eutopia portraying the ideal community and the education of the Guardians, parting from attempting to define justice; Books VI – VII: define "philosopher", since philosophers are the ideal rulers of such a community; Books VIII – X: discuss the pros and cons of various practical forms of government. The core of the second part is discussed in the Allegory of the Cave, and articles related to the Theory of (ideal) forms. The third part concerns the Five regimes and is strongly related to The Laws dialogue; and the Myth of Er.

From Wikipedia "Republic (plato)"

哲学家如是说 A 篇

《理想国》"洞穴比喻"选节

柏拉图

苏格拉底:如果他回想自己当初的穴居、那个时候的智力水平,以及禁锢中的伙伴们,你不认为,他会庆幸自己的这一变迁,而替伙伴们遗憾吗?

格劳孔:确实会的。

点进全美顶尖的罗格斯大学(Rutgers University)哲学系的网络主页,迎面而来的第一句话是苏格拉底的名言:"未经审视的生活不值一过。"哲学是帮助你"好好想想"这个世界和自己生活的最有力的武器之一。

不过,哲学家的形象却时常被漫画化——他们是一群奇特的人,说着漫无边际的话,有的甚至行为怪诞,让人发笑。为什么会这样呢?柏拉图启示我们:也许是洞穴人没有办法理解这位先知,你们在嘲笑他的时候,他还在对你们的沉沦报以遗憾呢!老子曰:"上士闻道,勤而行之;中士闻道,若存若亡;下士闻道,大笑之。不笑不足以为道。"

这当然是漫画后的哲学家形象,其实我们每个人都是哲学家,哲学家无非就是一些想着哲学问题的人。在英文的表述中，philosopher 离我们真的非常近，比如你是个本科生，喜欢思索哲学，于是你就可以是一名"本科生哲学家"。同样，如果你是一名大学哲学系教授，那么你大概就是一名"专业哲学家"（professional philosopher）。思考哲学问题，就像思考物理问题、经济问题一样，有着较为独特的问题域和方法。比如，你在阅读这本书的时候，就是在切身地思考一些可触碰的哲学问题，就在做哲学家们所做的工作。

当你读完了本册书，懂得了一点点哲学之后，你会替那些没有读过这本书、完全不懂得哲学的小伙伴们感到遗憾吗？柏拉图说他会的。

你会不会呢？

苏格拉底： 如果囚徒们之间曾有过某种选举，也有人在其中赢得过尊荣，而那些敏于辨别而且最能记住过往影像的惯常次序，因而最能预言后面还有什么影像会跟上来的人还得到过奖励，你认为这个既已解放了的人他会再热衷于这种奖赏吗？对那些受到囚徒尊重并成了他们领袖的人，他会心怀嫉妒，和他们争夺那里的权力地位吗？或者，还是会像荷马所说的那样，他宁愿活在人世上做一个穷人的奴隶，受苦受难，也不愿和囚徒们有共同意见，再过他们那种生活呢？

格劳孔： 我想，他会宁愿忍受任何苦楚也不愿再过囚徒生活的。

做一只欢乐的猪好，还是做一位上下求索的哲学家好呢？这是柏拉图给我们带来的一个有趣的问题。做一只生活在洞穴中的猪，每天和香脆的薯片、刺激的肥皂剧、温暖的沙发相伴，说不定这头猪还能交了好运，在猪群中获得一大笔财富和很高的地位。相反，做一位艰难攀登的哲学家（还记得上一讲里说的攀登的崎岖吗？），也许没有什么名望和金钱，而只有一张冷板凳、读不完的书、写不完的作业，真乃"为伊消得人憔悴"。

这个问题曾经也真实地困扰着我。当我还是一名哲学系学生的时候，看到其他院系的同学载歌载舞地在各类公司、学校参观学习，而自己只能扎头于书海，我感到迷惑：到底谁的生活更有意义呢？

选择精彩的理智生活往往要放弃一些世俗生活的逍遥,选择做一名清醒的人往往要承担直视生活真相而带来的痛苦。柏拉图告诉诸位:他宁愿忍受任何苦楚也不愿再过囚徒生活。

上一讲提到哲学与笑相伴,这一讲说的是哲学与苦相随。哲学真是苦乐交织!

◆ 做快乐的猪好不好呢?你的选择是什么?

◆ 上述"选举故事"有没有让你们想起某个历史事件?柏拉图笔下那位走出洞穴的人在历史上的原型是谁?

苏格拉底:如果他又回到地穴中坐在他原来的位置上,你认为会怎么样呢?他由于突然地离开阳光走进地穴,他的眼睛不会因黑暗而变得什么也看不见吗?

格劳孔:一定是这样的。

苏格拉底:这时他的视力还很模糊,还没来得及习惯于黑暗——再习惯于黑暗所需的时间也不会是很短的。如果有人趁这时就要他和那些始终禁锢在地穴中的人们较量一下"评价影像",他不会遭到笑话吗?人家不会说他到上面去走了一趟,回来眼睛就坏了,不会说甚至连起一个往上去的念头都是不值得的吗?要是把那个打算释放他们并把他们带到上面去的人逮住杀掉是可以的话,他们不会杀掉他吗?

格劳孔:他们一定会的。

每每读到这里,我都会极其佩服柏拉图深刻的思索和高超的写作技巧。柏拉图讲的那个走出洞穴的人其实就是苏格拉底,他向我们描述了一个被后世津津乐道的"哲学事件"——苏格拉底之死。

苏格拉底是一位真理的"接生婆",他喜欢在广场上与各种身份地位不同的人对话,以启迪他们悟出某些哲学道理。但苏格拉底的这些举动却招来了灾难,一些对他怀有偏见的人,以"不敬神"和"败坏年轻人"的罪名将他告上了法庭。根据城邦民主制,司法裁决由全体城邦人集体投票作出。投票的结果是苏格拉底被判处死刑。令人崇敬的是,苏格拉底本可通过行贿等方式免除一死,但是他由于各种理由,拒绝生而选择赴死。这是"哲学式的死亡"(柏拉图对话录中的《克里同篇》、《申辩篇》等集中叙述了苏格拉底之死及苏格拉底对选择去死的论证。本册摘录了《申辩篇》若干段落,有兴趣的同学可以研究苏格拉底选择死亡的原因)。

柏拉图借"苏格拉底"之口说出苏格拉底之死的故事,亦真亦幻,真是绝妙的文学笔法!苏格拉底俨然幻化为普罗米修斯式的先知。他说的既是自己的命运,也是神谕。要把真理之光点燃洞穴,哪怕献出自己的生命——这就是哲学先知的形象。

今天的大多数哲学家似乎没有这么高不可攀,他们把做哲学当作自己的一项专业或工作。如果想看看当今哲学家长什么模样、干什么事,可以去世界一流哲学系的网站上,点击教师栏目,读读他们的简历。

苏格拉底:亲爱的格劳孔,现在我们必须把这个比喻整个儿地应用到前面讲过的事情上去,把地穴囚室比喻可见世界,把火光比喻太阳的能力。如果你把从地穴到上面世界并在上面看见东西的上升过程和灵魂上升到可知世界的上升过程联想起来,你就领会对了我的这一解释了,既然你急于要听我的解释。至于这一解释本身是不是对,这是只有神知道的。但是无论如何,我觉得,在可知世界中最后看见的,而且是要花很大的努力才能最后看见的东西乃是善的理念。我们一旦看见了它,就必定能得出下述结论:它的确就是一切事物中一切正确者和美者的原因,就是可见世界中创造光和光源者,在可理知世界中它本身就是真理和理性的决定性源泉;任何人凡能在私人生活或公共生活中行事合乎理性的,必定是看见了善的理念的。

格劳孔:就我所能了解的而言,我都同意。

◆ 回忆柏拉图理念论的相关内容。分别说说,洞内世界和洞外世界分别意味着什么?

苏格拉底：那么来吧，你也来同意我下述的看法吧，而且在看到下述情形时别感到奇怪吧：那些已达到这一高度的人不愿意做那些琐碎俗事，他们的心灵永远渴望逗留在高处的真实之境。如果我们的比喻是合适的话，这种情形应该是不奇怪的。

格劳孔：是不足为怪的。

苏格拉底：再说，如果有人从神圣的观察再回到人事；他在还看不见东西还没有变得足够地习惯于黑暗环境时，就被迫在法庭上或其他什么地方同人家争讼关于正义的影子或产生影子的偶像，辩论从未见过正义本身的人头脑里关于正义的观念。如果他在这样做时显得样子很难看举止极可笑，你认为值得奇怪吗？

格劳孔：一点也不值得奇怪。

苏格拉底：但是，凡有头脑的人都会记得，眼睛有性质不同的两种迷盲，它们是由两种相应的原因引起的：一是由亮处到了暗处，另一是由暗处到了亮处。凡有头脑的人也都会相信，灵魂也能出现同样的情况。他在看到某个灵魂发生迷盲不能看清事物时，不会不加思索就予以嘲笑的，他会考察一下，灵魂的视觉是因为离开了较光明的生活被不习惯的黑暗迷误了的呢，还是由于离开了无知的黑暗进入了比较光明的世界，较大的亮光使他失去了视觉的呢？于是他会认为一种经验与生活道路是幸福的，另一种经验与生活道路是可怜的；如果他想笑一笑的话，那么从下面到上面去的那一种是不及从上面的亮处到下面来的这一种可笑的。

格劳孔：你说的非常有道理。

苏格拉底：如果这是正确的，那么关于这些事，我们就必须有如下的看法：教育实际上并不像某些人在自己的职业中所宣称的那样。他们宣称，他们能把灵魂里原来没有的知识灌输到灵魂里去，好像他们能把视力放进瞎子的眼睛里去似的。

格劳孔：他们确曾有过这种说法。

说了很多哲学家的形象，接着柏拉图笔锋一转，刻画了一些伪哲学家。伪哲学家们叫做"智者"（sophist），比起"哲学家"（philo-sopher），他们只有"知识"（sophia），而不懂得去"爱"（philo）这些知识。

不爱知识，那智者爱什么呢？智者爱钱和地位，他们把所拥有的知识当作商品来出售，通过教授学生辩证法、自然哲学等知识，谋取巨大的利益，同时，他们还喜欢把自己的观点和看法强加于学生。柏拉图异常深刻地告诫我们，认知是每个人的心智能力（这些观点在21世纪得到了前所未有的关注，得此启发的德性知识论（virtue epistemology）成了当代知识论中炙手可热的一个研究领域），我们教的不是知识——学生自己会学！我们要做的是启迪学生的理智品格，培养学生的理智能力，最终促进学生自己去学习。智者和爱智者、伪哲学家和哲学家、教师和教育家的区别就在于此。

爱他，就放手让他自己走路。懂得去爱，是哲学家一种极高的本事。

苏格拉底：但是我们现在的论证说明，知识是每个人灵魂里都有的一种能力，而每个人用以学习的器官就像眼睛。——整个身体不改变方向，眼睛是无法离开黑暗转向光明的。同样，作为整体的灵魂必须转离变化世界，直至它的"眼睛"得以正面观看实在，观看所有实在中最明亮者，即我们所说的善者。是这样吧？

格劳孔：是的。

苏格拉底：于是这方面或许有一种灵魂转向的技巧，即一种使灵魂尽可能容易尽可能有效地转向的技巧。它不是要在灵魂中创造视力，而是肯定灵魂本身有视力，但认为它不能正确地把握方向，或不是在看该看的方向，因而想方设法努力促使它转向。

◆ 关于知识是人先天具备的一种能力的观点，哲学史上曾以不同的方式展开争论，当今许多哲学家也乐此不疲。请你们去图书馆检索资料，看看历史上哪些哲学家围绕上述观点讨论过，并谈谈你的看法。

摘自柏拉图著，郭斌和、张竹明译 理想国［M］.北京：商务印书馆，2002.

《申辩篇》"苏格拉底赴死"选节

柏拉图

好吧,先生们,要不了多久你们就会得到这样的名声,那些想要轻视我们城邦的人会责备你们"处死那个聪明人苏格拉底",因为我哪怕不聪明,他们也会说我聪明,这些人会找你们的茬。再过一会儿,你们当然就会上路了。你们可以看到我此生过得很好,而现在临近死亡了。我说这话不是针对你们全体,而是针对投票判处我死刑的人,我还有些话要对这些人讲。

先生们,你们无疑会认为我没有提供足够的证据,因此被处死,如果我认为这种想法是正确的,那么我就应当把能说的都说出来,把能做的都做到,以此来使你们判我无罪。但是事实真相远非如此。使我被处死的不是缺乏证据,而是缺乏厚颜无耻和懦弱,事实上,我拒绝用讨你们喜欢的方式讲话。你们喜欢听到我痛哭流涕,摆出一副可怜的样子,把自己说得一文不值,你们习惯于从其他人那里听到这种话。我也不认为自己由于面临危险而必须放弃耿直,我对我的申辩方式并不后悔。作为这种申辩的结果,我宁可去死也不愿用别的方法来换得活命。在法庭上,就像在战场上一样,我和其他任何人都不应当把他的智慧用在设法逃避死亡上。在战场上,你们显然可以放下武器,跪地求饶,乞求敌人的怜悯,如果你们并不执著地追求什么,那么在各种危险中逃生的方法比比皆是。但是我提议,先生们,逃避死亡并不难,真正难的是逃避罪恶,这不是拔腿就跑就能逃得掉的。以我的现状而言,年纪又大,跑得又慢,已经被二者中跑得较慢的死亡追上了,而我的原告虽然身手敏捷,但由于行不义之事而被跑得较快的罪恶追上了。我离开这个法庭的时候将去受死,因为你们已经判我死刑,而他们离开这个法庭的时候,事实本身判明他们是堕落的、邪恶的。他们接受他们的判决,就像我接受我的判决。事情必然如此,我认为这个结果相当公正。

　　说了那么多话,我感到想为你们这些投票判我死刑的人作些预言,因为人在将死的时候最容易涌现作预言的才能。处死我的人啊,我要告诉你们,我一死去,复仇就会降临到你们头上,你们会受到比你们杀我痛苦得多的惩罚。你们相信把我处死就能使你们的行为不受批判,但我要说结果正好相反。<u>你们会受到更多的批判,直到现在我还不能说出这些批判者是谁,你们也不知道谁会批判你们,但是这些人更加年轻,会更加苛刻地对待你们,使你们更加难堪。如果你们指望用把人处死的办法来制止对你们错误的生活方式进行指责,那么你们的想法错了。这种逃避的办法既不可能又不可信。最好的、最方便的办法不是封住别人的嘴,而是自己尽力为善。</u>这是我留给你们这些投票判我有罪的人的最后遗言。

　　对你们这些投票判我无罪的人,乘官员们忙碌,而我还没有去那个我必须死的地方,我要对你们简单地说几句,使你们能接受这个结果。先生们,请给我一点时间。没有理由不让我们在法律允许的范围内交换我们的想法。我把你们当作我的朋友,我想要你们明白对待我的当前处境的正确方式。

　　法官先生们,我这样称呼你们,因为你们配得上这个称号。我有过惊人的体验。我已经习惯了灵异的声音,它在过去一直是我的伴侣,如果我将要做什么错事,无论事情多么微小,它都会加以阻止。而现在,你们可以看到,我碰上的这些事一般人都会认为是最凶险的,然而无论是今晨我离家的时候,还是我站在这个法庭上的时候,或是在我发言的任何时刻,都没有出现神圣的警告。在其他讨论中,我讲话时经常会出现这种告诫,但这一次不同,对我说的任何一句话,对我所做的任何一件事,都没有进行过阻拦。对此我该如何解释呢?我会告诉你们的。我以为我碰上这件事是一种福气,而我们极为错误地认为死亡是一种恶。我这样想有很好的理由,因为我做的事情若非肯定会有好结果,那么我习惯了的灵异不会不来阻止我。

　　<u>我们应该想到,根据其他理由,我的结果很可能是好的。死亡无非就是两种情况之一。它或者是一种湮灭,毫无知觉,或者如有人所说,死亡是一种真正的转变,灵魂从一处移居到另一处。</u>如果人死时毫无知觉,而只是进入无梦的

睡眠，那么死亡真是一种奇妙的收获。我想，如果要某人把他一生中夜间睡得十分香甜，连梦都不做一个的夜晚挑出来，然后拿来与死亡相比，那么让他们经过考虑后说说看，死亡是否比他今生已经度过的日日夜夜更加美好，更加幸福。好吧，我想哪怕是国王本人，更不要说其他任何人了，也会发现能香甜熟睡的日子和夜晚与其他日子相比是屈指可数的。如果死亡就是这个样子，如果你们按这种方式看待死亡，那么我要再次说，死后的绵绵岁月只不过是一夜而已。另一方面，如果死亡就是灵魂从一处迁往另一处，如果我们听到的这种说法是真实的，如果所有死去的人都在那里，那么我们到哪里还能找到比死亡更大的幸福呢，先生们？如果灵魂抵达另一个世界，超出了我们所谓的正义的范围，那么在那里会见到真正的法官，弥诺斯、拉达曼堤斯、埃阿科斯，在那里的法庭上进行审判，还能见到特里普托勒摩斯以及其他所有半神，他们由于生前正直而死后成为神。那么，这样的旅行会遇不上惩罚吗？换个方式说，如果你们中奥菲斯和穆赛乌斯、赫西奥德和荷马，那该有多好啊？如果这种解释是真的，那么我情愿死十次。我就要去那里跟他们在一起了，我会见到帕拉墨得斯和忒拉蒙之子埃阿斯，以及其他古时候的英雄。这倒是一种特别有趣的经历，因为他们都是因为审判不公正而被处死的。我想，如果拿我的命运与他们的命运作个比较，那会相当有趣。当然，首要的是我会像在这里一样在那里考察和探索人们的心灵，在自认为聪明的人中间发现谁是真正聪明的，以此度过我的时光。先生们，如果能够向统帅大军征讨特洛伊的首领，或者向奥德修斯，或者向西绪福斯，或者向人们能提起的成千上万的其他人提问，与他们谈话，与他们厮混在一起，与他们争论，难道不是一种无法想象的幸福吗？我想，他们无论如何不会因为这样的行为处死一个人，因为，如果人们所说的是真实的，那么他们除了拥有超过我们的幸福的其他幸福，他们现在已经是不朽的了。

　　法官先生们，你们也必须充满自信地看待死亡，并确立这样一种坚定的信念：任何事情都不能伤害一个好人，无论是生前还是死后，诸神不会对他的命运无动于衷。呆板地说来，我的这种经验还没到来。我非常明白我最好去死，我摆脱心神烦乱的时候已经到来了。这就是为什么没有征兆来阻止我的原因。因此，我一点儿都不怨恨那些控告我和判我死刑的人，尽管他们的所作所为并非抱着这样的目的,而是以为他们可以伤害我,所以这些人还是应该受到谴责。然而,我要请他们帮我一个忙。先生们,我的儿子长大成人以后,如果他们把金钱或其他任何东西放在良善之前,那么请用我对付你们的办法对付我的儿子;如果他们毫无理由地狂妄自大,那么就像我责备你们一样责备他们,因为他们忽略了重要的事情,自己一无所长而认为自己在某些事上很能干。如果你们肯这样做,那么我本人和我的孩子们在你们手中算是得到公平对待了。

我们离开这里的时候到了,我去死,你们去活,但是无人知道谁的前程更幸福,只有神才知道。

摘自柏拉图著,王晓朝译. 柏拉图全集(第一卷)[M].
北京:人民出版社,2002.

思考题

1. 为什么苏格拉底拒绝生而选择死? 他作出了哪些论证?

2. 你如何理解划线句"逃避死亡并不难,真正难的是逃避罪恶,这不是拔腿就跑就能逃得掉的"? 人已经死去了,世上的一切,包括罪恶,到头来也一笔勾销了,为什么死还是不能使人的罪恶消除呢?

3. 苏格拉底的死亡观与现代人不太一样。在本文中,苏格拉底的死亡观是什么样的? 你如何看待这种观点?(对于死亡问题的详细讨论,可以参见本书第九、十讲)

4. 柏拉图是古希腊城邦民主制的反对者,这种看似完美的制度却判处了他的老师死刑。而"洞穴比喻"也是嘲讽那些拥有投票权的人,他们无非是一些"洞穴人",他们的灵魂尚待"转向",仅拥有"令人遗憾"的智力水平。那么,柏拉图赞同何种政治制度? 有兴趣的同学可以阅读整本《理想国》,并围绕这个问题谈谈你的看法。

进一步阅读的书目

1. 读哲学家传记不失为一种了解哲学家生平及其思想的手段。有些哲学家的一生就是一部精彩的电影，比如可读瑞·蒙克的《维特根斯坦传：天才之为责任》（浙江大学出版社 2011 年版）和詹姆斯·米勒的《福柯的生死爱欲》（上海人民出版社 2003 年版）。

2. 柏拉图的若干《对话录》

   对话录是一种非常平易近人的哲学叙述方式。深者可深，浅者可浅，害怕读哲学的人可以把读对话录当作读故事剧本，甚至可以想想不同人物的言行有没有现实中自己认识的人的影子。但是，对话形式包含的理性（logos）层次却是极高的。所谓的辩证法（dialectics）无非就是一种理性对话（dialogue）的方法。经常翻翻柏拉图《对话录》的人和只读浮夸文章的人相比，两者的思维水平不可同日而语。

3. 威廉姆森.四人对话录：对与错的真相[M].上海：上海人民出版社，2017.

   哲学与对话分不开。四个人在火车上的对话能产生哪些哲学的火花呢？这是一本由顶级哲学家所写的，没有行话，颇具肥皂剧风格，但又有点绕的哲学入门书。

第三讲　形而上学与存在（上）——存在论证明

他是谁？

ANSELM（1033—1109）was one of the most important Christian thinkers of the eleventh century. He is most famous in philosophy for having discovered and articulated the so–called "ontological argument" and in theology for his doctrine of the atonement. However, his work extends to many other important philosophical and theological matters, among which are: understanding the aspects and the unity of the divine nature; the extent of our possible knowledge and understanding of the divine nature; the complex nature of the will and its involvement in free choice; the interworkings of human willing and action and divine grace; the natures of truth and justice; the natures and origins of virtues and vices; the nature of evil as negation or privation; and the condition and implications of original sin.

In the course of his work and thought, unlike most of his contemporaries, Anselm deployed argumentation that was in most respects only indirectly dependent on Sacred Scripture, Christian doctrine, and tradition. Anselm also developed sophisticated analyses of the language used in discussion and investigation of philosophical and theological issues, highlighting the importance of focusing on the meaning of the terms used rather than allowing oneself to be misled by the verbal forms, and examining the adequacy of the language to the objects of investigation, particularly to the divine nature. In addition, in his work he both discussed and exemplified the resolution of apparent contradictions or paradoxes by making appropriate distinctions. For these reasons, one title traditionally accorded him is the Scholastic Doctor, since his approach to philosophical and theological matters both represents and contributed to early medieval Christian Scholasticism.

From Internet Encyclopedia of Philosophy "Anselm of Canterbury"

知识窗

What is this thing called metaphysics?

Originally a title for those books of Aristotle that came after the *Physics*, the term is now applied to any enquiry that raises questions about reality that lie beyond or behind those capable of being tackled by the methods of science. Naturally, an immediately contested issue is whether there are any such questions, or whether any text of metaphysics should, in Hume's words, be "committed to the flames, for it can contain nothing but sophistry and illusion". The traditional examples will include questions of mind and body, substance and accident, event, causation, and the categories of things that exist. The permanent complaint about metaphysics is that in so far as there are real questions in these areas, ordinary scientific method forms the only possible approach to them. Hostility to metaphysics was one of the banners of logical positivism, and survives in a different way in the scientific naturalism of writers such as Quine. Metaphysics, then, tends to become concerned more with the presupposition.

A useful distinction is drawn by Strawson, between descriptive metaphysics, which contents itself with describing the basic framework concepts with which thought is (perhaps at a time) conducted, as opposed to revisionary metaphysics, which aims for a criticism and revision of some hapless way of thought. Although the possibility of revisionary metaphysics may be doubted, it continues to the present time: eliminativism in the philosophy of mind and postmodernist disenchantment with objectivity and truth are conspicuous example.

From Simon Blackburn: *Oxford Dictionary of Philosophy*[M].

New York: Oxford University Press, 2007.

哲学家如是说 A 篇

Proslogion "The Ontological Proof"
Anselm of Canterbury

······ I began to ask myself whether one argument might possibly be found, resting on no other argument for its proof, but sufficient in itself to prove that God truly exists, and that he is the supreme good, needing nothing outside himself, but needful for the being and well-being of all things······

关于上帝是否存在的存在论证明是安瑟尔姆带给我们的珍贵哲学宝藏,因为安瑟尔姆通过研究上帝,探索了一个重要的形而上学问题:什么叫事物存在(bcing)。什么是存在? 这问题看上去有点可笑,不过仔细想来却深刻无比。哲学家莱布尼兹(Gottfried Wilhelm Leibniz)也曾不解地追问:"为什么存在者存在,而无却不存在?"竟然有一个世界存在着,这真是令人惊叹的奇迹!

对存在进行研究,这是形而上学(metaphysics)这门哲学分支的重要问题域。形而上学这个词对于西方人来说或许根本就不需要介绍其内涵,因为它的英文拼写就清晰地展现了它的意思,即元(meta,意为"在某事之后")和物理学(physics 一词来源于古希腊语 physis,本意是自然)。换言之,形而上学所研究的是比物理学更深、更后面的内容,这些内容是物理学得以成立或可能的(how possible)前提预设。如果我们在康德(Immanuel Kant)的意义上用"批判"两字,那么,形而上学其实就是所谓的"物理学批判"。形而上学或"元物理学"研究许多物理学认为理所当然、从不解释的问题。比如,物理学讨论木块的速度、体积、引力等,而形而上学则关心木块的存在——如果木块不存在,何来木块的速度? 在亚里士多德那里,形而上学索性就被叫做研究"存在之为存在的知识"(science of being as being)。再比如,物理老师从不关心"这块木块"(ad hoc)和木块的区别,而元物理学则特别重视研究事物的特殊性和普遍性的关系;物理老师把时间和空间当作事物存在和运动的前提而不加讨论,但形而上学家则把时间和空间本身当作研究对象进行研究。

当然,哲学史上对形而上学这门课的批判声不绝于耳,高中哲学教材也告诉大家,马克思也是形而上学的批评者之一(当然,马克思对形而上学的理解和批判没有我们想象得那样简单)。但是,今天仍旧有一些哲学家艰难地从事着形而上学研究,其研究的方法极其技术化、逻辑化,外行根本无法搞明白。

对逻辑的高度依赖是形而上学的明显特征。安瑟尔姆古老的存在论证明(存在论证明中 ontological 一词的组成部分 onto 在古希腊语里的意思就是being)也极大地依赖逻辑。这个论证史称"先验论证"(a priori argument),因为安瑟尔姆要不借助任何外在经验就推出上帝存在,甚至这个论证的前提也不证自明且人人都能接受。这有点像欧几里得的几何学,欧几里得试图从五条不证自明的公理(axiom)出发,推出整个几何学定理(Theorem)。安瑟尔姆对上帝的存在也要用这样的方式严格地推出。

他的论证过程是怎么样的呢?

And so, O Lord, since thou givest understanding to faith, give me to understanding — as far as thou knowest it to be good for me — that thou dost exist, as we believe, and that thou art what we believe thee to be. **Now we believe that thou art a being than which none greater can be thought.** Or can it be that there is no such being, since "the fool hath said in his heart, 'There is no God'"? But when this same fool hears what I am saying — "A being than which none greater can be thought" — he understands what he hears, and what he understands is in his understanding, even if he does not understand that it exists.

　　每个人都有知性能力(understanding)，我们要凭借知性去理解上帝。安瑟尔姆的这个看法代表了当时神学研究的一个路子，即试图用人类有限度的理性去思考上帝。当时还有一批人认为，信仰上帝仅凭信仰(faith)自身就够了而拒斥理智的作用。安瑟尔姆走的是前一条路。

　　安瑟尔姆在这里提出了一个有趣的说法。他说有些愚人在他的理智中或许没有上帝的概念，但是任何人，不管聪明人还是愚人，头脑中都有一个观念，即不能设想有其他东西比它来得更伟大的存在者(a being than which none greater can be thought)。安瑟尔姆不正面说上帝是最伟大的东西而提出一个比较级——greater，因为有许多人不信仰上帝，且一旦正面提出某物，我们总能再设想一个东西比它更伟大。

For it is one thing for an object to be in the understanding, and another thing to understand that it exists. When a painter considers beforehand what he is going to paint, he has it in his understanding, but he does not suppose that what he has not yet painted already exists. But when he has painted it, he both has it in his understanding and understands that what he has now produced exists. Even the fool, then, must be convinced that a being than which none greater can be thought exists at least in his understanding, since when he hears this he understands it, and whatever is understood is in the understanding.

◆ 讨论一下：安瑟尔姆举例画家作画的例子意图表明什么？

安瑟尔姆认为，一个东西在理智当中存在与在现实中存在是两回事。比如画家画画，画家往往先"胸有成竹"，即在自己的理智中构想了所要画的内容，然后再把它们画出来，使之在现实当中存在。我们也可以在脑海中设想一种叫做"狮羊"的动物，我们可以把它想象得栩栩如生，但是它只存在于幻想之中，没有真正地在现实中存在。

◆ 不过，安瑟尔姆告诉大家，不能设想有其他东西比它来得更伟大的存在者不适用于画家作画这个例子。你们能够想想原因吗？

But clearly that than which a greater cannot be thought cannot exist in the understanding alone. For if it is actually in the understanding alone, it can be thought of as existing also in reality, and this is greater. Therefore, if that than which a greater cannot be thought is in the understanding alone, this same thing than which a greater cannot be thought is that than which a greater can be thought. But obviously this is impossible.

安瑟尔姆讲了个有趣的想法：如果不能设想有其他东西比它来得更伟大的存在者仅仅存在于理智当中，那么我们就能够设想一个同样的东西，这个东西不仅存在于理智中，同时还在现实中存在着。但是，由于我们已经限定了这个东西是我们不能设想有其他东西来得比之更伟大。所以，不能设想有其他东西比它来得更伟大的存在者一定是现实中存在着的事物。这个不能设想有其他东西比它来得更伟大的存在者就是上帝。所以，安瑟尔姆告诉我们，上帝非但是设想出来的，还是现实存在的。因此，上帝存在。

◆ 哲学有点绕，能够把复杂的哲学文章重构成清晰简洁的哲学论证是一种重要的哲学能力。讨论一下：你们能够重构安瑟尔姆的存在论证明吗？

Without doubt, therefore, there exists, both in the understanding and in reality, something than which a greater cannot be thought.

◆ 你能够反驳这个存在论证明吗？

至此，安瑟尔姆在不借助经验且所有前提都符合直觉、无需证明的情况下，推出了基督教中至高无上的上帝的存在。对于这个存在论证明，哲学史上纷争不断，即便到今天人们仍旧在不断研究。

人们争论的核心焦点在于存在到底是不是事物的一种性质？什么叫做事物的性质呢？比如，我眼前的写字台是黄色的、硬的、木质的，这里的黄色的、硬的、木质的就是写字台的一些属性。哲学史上安瑟尔姆、笛卡尔等人都认为存在也是事物的一种属性，即存在性。笛卡尔打过一个比方，只要一个图形是三角形，那么它的内角和就一定等于 180 度，内角和为 180 度乃三角形的一个属性。同理，存在也是上帝之类存在者的一个性质。

但是，也有许多哲学家反对这种看法。康德就是其中之一。康德认为，存在(being)这个词只是一个系词，表示主谓之间有关，本身并无意义，不是表明主词具有某种属性的谓词。到了 20 世纪，开创性的逻辑学家、哲学家弗雷格(F. L. G. Frege)进一步用谓词逻辑的方法深化了康德"存在非谓词"的看法。他指出，存在是一个"二阶谓词"，它只适用于某个表明性质的"一阶谓词"，而不是诸如"上帝"这样的对象词。换言之，"上帝存在"这样的表述，虽然符合自然语言的语法表述，但是却不符合更内在的语法规则，属于语言的非法使用，"上帝存在"这句话不符合逻辑，它不是真和假的问题，而是无意义。好比我们使用计算机编程语言，之所以程序不能运转，是因为编程时出现了编程语法错误，"上帝存在"这种说法也犯了类似的语法错误。

这场争论仍旧没有停歇。今天，哲学家和逻辑学家运用更为复杂的逻辑技术，如模态逻辑(modal logics)等，重新修改批评传统观点，对存在问题的讨论更加精细、更为艰涩。这一切有待你们中的有心人前去探索。

From Anselm Translated By Sidney Norton Deane. *Proslogium*; *Monologium: An Appendix In Behalf Of The Fool By Gaunilo.* [*M*]

Chicago：The Open

Court Publishing Company，1903，reprinted 2008.

《第一哲学沉思集》

"第五个沉思"选节

笛卡尔（Rene Descartes）

那么现在，如果仅仅由于我可以从我的思维中得出什么东西的观念就断言凡是我清楚、分明地认识到是属于这个东西的都实际属于这个东西，那么难道我不可以由此得出关于上帝存在的一个论据和一个论证性的证明吗？当然我在我的心里觉察到他的观念（也就是说，一个至上完满的存在体的观念）并不比不论什么形状或什么数目的观念差。我对于一个现实的、永恒的存在性只是属于它的本性这一事实认识得清楚、分明的程度并不比我认识凡是我可以证明什么形状或什么数目只是真正属于这个形状或这个数目的本性的程度差。从而，即使凡是在前几个沉思里所断言的都不是真的，上帝的存在在我心里至少应该算是和我迄今所认为仅仅有关数目和形状的一切数学真理同样可靠，虽然事实上乍看起来并不完全明显，好像有些诡辩的样子。因为，既然习惯于在其他一切事物中把存在和本质分开，我很容易相信上帝的存在是可以同他的本质分得开的，这样就能够把上帝领会为不是现实存在的。虽然如此，可是仔细想一想，我就明显地看出上帝的存在不能同他的本质分开，这和一个直线三角形的本质之不能同它的三角之和等于二直角分开，或一座山的观念之不能同一个谷的观念分开一样。因此，领会一个上帝（也就是说，领会一个至上完满的存在体）而他竟缺少存在性（也就是说，他竟缺少某种完满性），这和领会一座山而没有谷是同样不妥当的。

可是，虽然事实上我不能领会一个不带存在性的上帝，也不能领会一个不带谷的山，不过，既然仅仅由于我领会一个带谷的山不能因此就说世界上有山，

<u>同样,虽然我领会带存在性的上帝也并不能因此就说有一个上帝存在,因为我的思维并不给事物强加什么必然性;而且,尽管并没有什么带翅膀的马,而我却想出来一个带翅膀的马,同样,尽管并没有什么上帝存在,我也许能够给上帝加上存在性。绝对不是这样。</u>这个反驳的外表掩盖下的诡辩就在于此。因为,从我不能领会一个不带谷的山这一事实,不能得出世界上根本没有山,也根本没有谷这个结论,而只能得出山和谷,不管它们有也罢,没有也罢,彼此无论如何都是不可分的;相反,仅仅由于我不能把上帝领会成不带存在性,所以存在性和上帝是不可分的,所以上帝是存在的。不是因为我把事物想成怎么样事物就怎么样,并且把什么必然性强加给事物;而是反过来,是因为事物本身的必然性,即上帝的存在性,决定我的思维去这样领会它。因为我可以随便想象一个马不带翅膀或者带翅膀,可是我并不能随便领会一个没有存在性的上帝,也就是说,我不能随便领会一个缺少一种至上完满性的至上完满的存在体。

<u>也不应该在这里说,我承认了上帝具有各种各样的完满性之后,我就真的必然要承认上帝存在,因为存在性就是各种各样的完满性之一。</u>而且事实上,我的第一个假定并不是必然的,同样,去想凡是四边形都能内切于圆,也不是必然的;如果我有这样的想法的话,那么我就不得不承认菱形也能内切于圆,因为菱形也是四边形,这样一来我就不得不承认了一个错误的东西。我说,不应该说这样的话,因为,即使我不是非想到上帝不可,可是,每当我想到一个第一的、至上的存在体,并且从我心的深处提出(姑且这样说)他的观念时,我必然要加给他各种各样的完满性,虽然我不能把这些完满性都一一列举出来,而且也不能把我的注意力特别放在这些完满性之中的每一个上面。这种必然性足以使我(在我认识了存在性是一种完满性之后)得出结论说,这个第一的、至上的存在体是真正存在的。同样,我并不是非得想象一个什么三角形不可;不过,每当我要考虑仅仅由三个角组成一个直线形时,我就非把凡是用来使三角之和不大于二直角这个结论的东西都加给它不可,即使也许当时我没有特别考虑到这一点。但是当我检查哪一些形状能够内切于圆时,我无论如何也没必要非去想凡是有四个边的形状都属于这个数目之内不可;相反,我不能捏造事实,因为我不想除了我能够领会得清楚、明白的东西以外,把别的什么东西接受到我的思维

中来。因此,在像上面这样的假的假定跟与我俱生的真的观念(其中第一个并且主要的是上帝的观念)之间有很大的差别。

因为事实上我用几种方式都看出来这个观念并不是凭空捏造,只属于我的思维的东西,而是一个真实、不变的本性的形象。<u>首先,因为除了上帝以外我不能领会有别的什么东西其存在是必然属于它的本质的;其次,因为我不能领会两个或许多跟他一样的上帝;而且既然肯定了现在有一个上帝存在,我看得清楚,他以前必然是完全永恒地存在过,将来也永恒地存在着;最后,因为我在上帝身上领会了其他无数的东西,从这些东西里我一点也不能减少,一点也不能改变。</u>

摘自笛卡尔著,庞景仁译.第一哲学沉思集[M].北京:商务印书馆,1986.

思考题

1. 为什么笛卡尔"第五沉思"中上帝存在的证明属于存在论证明?存在论证明有什么特点?

2. 笛卡尔告诉我们"我就明显地看出上帝的存在不能同他的本质分开"。你怎么理解这句话的?请去图书馆查阅资料,了解20世纪存在主义哲学思潮,并尝试着想想为什么存在主义者告诉我们"人的存在就是他的本质"(当然,这个问题非常具有挑战性)。

3. "带着翅膀的马"与"没有谷的山"有什么区别?"带着翅膀的马"和"方的圆"是一回事吗?

4. 把哲学家大段冗长的叙述重构成前提和结论清晰准确、简洁扼要的论证很考验哲学学习者的智慧。你们能够将笛卡尔的这个存在论证明重构出来吗?

进一步阅读的书目

1. 范·因瓦根.形而上学[M].北京：北京大学出版社,2007.
2. 迈克尔·路克斯.当代形而上学导论[M].上海：复旦大学出版社,2008.

　　　　形而上学是哲学中特别晦涩抽象、难以理解的学问,即使是导论性的书籍也非常难懂。有兴趣的人可以翻翻上面两本书,可能会给你们一些启发。

3. 陈波.悖论研究[M].北京：北京大学出版社,2014.
4. 庞德斯通.推理的迷宫[M].北京：中信出版集团股份有限公司,2015.
5. 柯匹、科恩.逻辑学导论(第11版)[M].北京：中国人民大学出版社,2007.

　　　　形而上学与逻辑密切相关,正是逻辑技术的不断发展,使得一些哲学问题得以解决或消解,有志于研究形而上学的同学不妨先读读逻辑学。前两本书和逻辑有关,也牵扯形而上学、知识论等哲学方面的讨论,内容十分有趣,但并不肤浅,我读起来深受启发。后一本是标准的逻辑学教科书,内容明快,便于快速掌握一些论证方法。

第四讲 形而上学与存在（下）——"五路"证明

他是谁？

THOMAS AQUINAS was an Italian Dominican friar, Catholic priest, and Doctor of the Church. He was an immensely influential philosopher, theologian, and jurist in the tradition of scholasticism, within which he is also known as the *Doctor Angelicus* and the *Doctor Communis*. The name *Aquinas* identifies his ancestral origins in the county of Aquino in present – day Lazio.

He was the foremost classical proponent of natural theology and the father of Thomism; of which he argued that reason is found in God. His influence on Western thought is considerable, and much of modern philosophy developed or opposed his ideas, particularly in the areas of ethics, natural law, metaphysics, and political theory. Unlike many currents in the Church of the time, Thomas embraced several ideas put forward by Aristotle — whom he called "the Philosopher" — and attempted to synthesize Aristotelian philosophy with the principles of Christianity. His best – known works are the *Disputed Questions on Truth* (*1256 – 59*) *the Summa contra Gentiles and the Summa Theologiae*. His commentaries on Scripture and on Aristotle also form an important part of his body of work. Furthermore, Thomas is distinguished for his eucharistic hymns, which form a part of the Church's liturgy.

The Catholic Church honors Thomas Aquinas as a saint and regards him as the model teacher for those studying for the priesthood, and indeed the highest expression of both natural reason and speculative theology. In modern times, under papal directives, the study of his works was long used as a core of the required program of study for those seeking ordination as priests or deacons, as well as for those in religious formation and for other students of the sacred disciplines (philosophy, Catholic theology, church history, liturgy, and canon law).

From Wikpedia ("Thomas Aquinas")

哲学家如是说 A 篇

《神学大全》"上帝存在的'五路'证明"选节

阿奎那(Thomas Aquinas)

首先从事物的运动或变化方面论证。在世界上,有些事物是在运动着,这在我们的感觉上是明白的,也是确实的。凡事物运动,总是受其他事物推动;但是,一件事物如果没有被推向一处的潜能性,也是不可能动的。而一件事物,只要是现实的,它就在运动。因为运动不外是事物从潜能性转为现实性。一件事物,除了受某一个现实事物的影响,决不能从潜能性变为现实性。例如用火烧柴,使柴发生变化,这就是以现实的热使潜在的热变为现实的热。但是,现实性和潜能性都不是一个东西,二者也不同时并存,虽然二者也可以在不同方面并存。因为既成为现实的热就不能同时是潜在的热:它只可以作为潜在的冷。因此,一件事物不可能在同一方面、同一方向上说是推动的,又是被推动的。如果一件事物本身在动,而又必受其他事物推动,那么其他事物又必定受另一其他事物推动,但我们在此决不能一个一个地推到无限。因为,这样就会既没有第一推动者,因此也会没有第二、第三推动者;因为第一推动者是其后的推动者产生的原因,正如手杖动只是因为我们的手推动。所以,最后追到有一个不受其他事物推动的第一推动者,这是必然的。每个人都知道这个第一推动者就是上帝。

关于上帝存在的证明,除了上一讲介绍的安瑟尔姆的存在论证明,哲学史上还有一类非常有名的证明,这类证明最主要的提出者是经院哲学家托马斯·阿奎那,他提出了五个上帝存在的证明,史称"五路"(five ways)证明。

"五路"证明与存在论证明有着巨大的理论差异。存在论证明无需经验的参与,只凭借观念间的关系就能得出上帝的存在,而"五路"证明离不开经验的观察,属于"后验证明"(a posteriori argument)的范畴,也被称为"宇宙论证明"。可以说,如果存在论证明需要我们掌握大量逻辑学知识的话,"五路"证明则需要我们具备相应的物理学知识,当然此时牛顿还没有诞生,"五路"证明所说的"物理学知识"更多地聚焦于亚里士多德的物理学。

"五路"证明中有许多形而上学的意蕴。尽管它不像存在论证明那样直接反映了亚里士多德对形而上学的古老理解,即形而上学是关于"存在之为存在的学问",但是这五条路仍旧触及了构成物理学基础的观念和概念,比如运动、原因、规律等。因此,阿奎那的哲学更像我们今天对形而上学的理解,即对自然科学的高阶研究。

不妨来看看阿奎那的第一条路是如何走的。阿奎那的神哲学主要传承了古希腊亚里士多德的衣钵,思想的方方面面都渗透了亚里士多德主义。在物理学方面也是如此。亚里士多德认为事物的存在方式有两种:潜在(potentiality)和现实(actuality)。静止的事物乃潜在的运动物,运动的事物乃实现了的运动物。从潜在变为现实,就需要某个外在的推动力。阿奎那因此告诉我们"凡事物运动,总是受其他事物推动"。

但另一方面,推动某物运动的事物本身也应当运动,而后者仍旧需要一个运动的东西推动它。这样,阿奎那为我们创造了一个不断后溯的推理。不过,他告诉我们,这样的推理不可能是无限的,最终一定能够找到一个"不动的推动者"，虽然很不可思议，但他是一切运动的最终根据，这个不可思议的第一推动者就是上帝。

◆ 讨论一下：你们能反驳阿奎那的运动因论证吗？

的确，阿奎那的论证触及了物理学最根本的概念——运动，因而极具形而上学的意味。牛顿之所以伟大，正是因为对运动的观念做出了与亚里士多德完全不一样的解释。牛顿第一定律宣告：动者自动，静者自静。换言之，牛顿的世界观认为，事物的运动是不需要原因的(牛顿第二定律指出运动的变化才需要原因，即力)。世界动就让它动吧，不需要上帝踢它一脚。这就是牛顿对阿奎那一个深刻的反驳。

◆ 一些更深入的问题：牛顿第一定理是从经验中发现的吗？牛顿第一定理是以物理学方法发现的吗？牛顿第一定理是"发明的"，还是"发现的"？

第二，从动力因的性质来讨论上帝的存在。在现象世界中，我们发现有一个动力因的秩序。这里，我们决找不到一件自身就是动力因的事物。如果有，那就应该先于动力因自身而存在。但这是不可能的。动力因也不可能推溯到无限。因为一切动力因都遵循一定秩序。第一个动力因，是中间动力因的原因；而中间动力因，不管是多数还是单数，总都是最后的原因的原因。如果去掉原因，也就会去掉结果。因此，在动力因中，如果没有第一个动力因(如果将动力因作无限制的推溯，就会成为这样情况)，那就会没有中间的原因，也不会有最后的结果。这是显然不符合实际的。因此，有一个最初的动力因，乃是必然的。这个最初动力因，大家都称为上帝。

阿奎那的第二条路是考虑原因和结果的关系。正所谓世界上没有无缘无故的爱，也没有无缘无故的恨，一切事物的发生和毁灭都有原因。高中哲学课本也告诉我们，事物的因果关系是客观存在的，有原因就有结果，而某结果的原因，又可能是另一个原因的结果。对于这个观点，你们太有直观的感触了吧！不少电影也在反映这个问题，比如有名的《蝴蝶效应》等(当然有些科学哲学家并不认为这类事件的发生序列构成"因果关系"，不过这不在我们的讨论范围内)。

于是阿奎那进一步指出,这种因果关系的后溯并非无限,它一定能够落脚于一个是自身不是任何事物的结果(或者后来的哲学家斯宾诺莎(Baruch de Spinoza)所说上帝是"自因"),而只能是一切事物原因的东西,这个东西称为上帝。

◆ 讨论一下,你们能反驳阿奎那的第二条路吗?

其实,阿奎那的这条路一定会造成神哲学内部的纷争。上帝是一切事物的最终原因,意味着上帝是每个人欢笑、快乐、幸福的原因,但也是人们痛苦、无助、流泪的原因;是这个世界美好、进步的原因,也是世界灾荒、堕落的原因。问题在于,基督教的世界观向来认为上帝是全善的,上帝何以成为恶(evil)的原因呢?后来,这个问题成为了神哲学讨论的一个重要分支,称为"神正论"(theodicy)。

同时,因果性也是物理学得以可能(how possible)的核心问题。在牛顿的机械论世界观里,因果总是客观必然的,前后顺序不可能颠倒。可是,随着量子力学的发展和爱因斯坦广义相对论的提出,人们对因果关系的理解愈发深刻。"时间机器"的思想实验被广泛讨论。

你们读到的这本小书,虽然不怎么样,但是一位在 EFZ 求学的叫做史密斯的同学读得很入迷,甚至忘记应试刷题。最终她高考后以低分进入了哲学系,但最终糊里糊涂地成为了一名杰出的哲学家(人生就是这样充满戏剧性)。她与刘易斯的转世灵童(David Lewis,美国哲学家,以研究反事实条件句著称,在 2001 年去世。他在逻辑上研究了时间旅行的可行性)一起制造了一台时间机器,回到了二十一世纪初的上海。那时,这本册子的编写者正在认真地读高中呢!已经成为哲学家的史密斯看着二十一世纪古老的教学方式惊呆了,不小心把她所写的更有趣的哲学书掉落在了本书编写者的桌边。果不其然,史密斯的这本书也让笔者读得不能自拔,以至没有时间关心刷题了(这不禁让人想起了《苏菲的世界》中的主角苏菲)。和史密斯一样,他最终也去了哲学系,不过没有成为哲学家,而成为了一名哲学教师,写出了一本选修课哲学阅读手册,恰好被当时不知道选什么课好,而误选了一门叫"哲学家说些什么"选修课的高二女生史密斯读到了……使史密斯走上哲学道路的原因到底是什么呢？对了，忘了告诉诸位，史密斯写的那本掉在二十一世纪的书，名字就叫做《模糊的前因后果》。

前些年，在非常严肃专业的科学普及刊物《科学美国人》（中文译为《环球科学》）上，也发表了关于在量子层面上的因果关系的文章。它大致说明，在量子层面上，原因不一定发生在前，结果不一定发生在后。这也对传统物理学构成了极大的挑战。

第三，从可能和必然性来论证上帝的存在。我们看到自然界事物，都是在产生和消灭的过程中，所以它们又存在，又不存在，它们要长久存在下去，是不可能的。这种不能长久存在的东西，终不免要消失。所以，如果一切事物都会不存在，那么迟早总都会失去其存在。但是，如果这是真实的，世界就始终不该有事物存在了。因为事物若不凭借某种存在的东西，就不会产生。所以，如果在一个时候一切事物都不存在，这就意味着任何事物要获得存在，也不可能了。这样一来，就在现在也不能有事物存在了——这样的推想，是荒谬的。因此，一切存在事物不仅是可能的，而且有些事物还必须作为必然的事物而存在。不过，每一必然的事物，其必然性有的是由于其他事物所引起，有的则不是。要把由其他事物引起必然性的事物推展到无限，这是不可能的。正如上述动力因的情形一样。因此我们不能不承认有某一东西：它自身就具有自己的必然性。而不是有赖于其他事物得到必然性，不但如此，它还使其他事物得到它们的必然性。这某一东西，一切人都说它是上帝。

阿奎那的第三条路是必然性论证。这个世界上的一切都是偶然的、生灭的。在中国文化语境下很能理解这种想法，随手引用《红楼梦》便是"陋室空堂，当年笏满床。衰草枯杨，曾为歌舞场"，便是"昨日黄土陇头送白骨，今宵红绡帐底卧鸳鸯"。物质世界也沧海桑田，千万年前的大海，如今成了高山。那会不会有一种极端情况，即世界上恰好有一个时间点什么东西都不存在了呢？如果世界上一切东西都是偶然的，这种情况原则上完全有可能。但是，如果一切事物都不存在，那么怎么可能有今天的世界呢？这个世界上最令人惊讶的事情,莫过于竟然存在一个世界了！阿奎那思索:要让世界存在,要有一个必然的存在者,必然的存在者必然地创造了世界,而他就是上帝。

阿奎那这个论证对后世的影响很大。物理学中似乎缺少了必然性概念就不能成立了。在逻辑学中,也有专门讨论可能性、现实性、必然性的模态逻辑(modal logics)。

◆ 你能试着反驳这个论证吗?

第四,从事物中发现的真实性的等级论证上帝的存在。一切事物,它们的良好、真实、尊贵等,有的具有得较多,有的具有得较少。其多少的标准,是指不同的事物,按它以不同的方式和最高点近似的程度来决定。有如某一事物被称为比较热,是按它比较更接近最热的东西来决定的。所以,世界上一定有一种最真实的东西,一种最美好的东西,一种最高贵的东西,由此可以推论,一定有一种最完的存在。这些在真理中最伟大的东西,在存在中也必定是伟大的,这正如亚里士多德在《形而上学》第二章上所述的。在任何物类中,这种最高点就是那个物类中一切物类的原因。有如火,那是热的最高体,也是一切热的事物的原因。亚里士多德在上述书中这样说过。因此,世界上必然有一种东西作为世界上一切事物得以存在和具有良好以及其他完美性的原因。我们称这种原因为上帝。

阿奎那的第四条路是等级论证明。这世界看上去在完美性上是有等级差异的,比如青菜的等级大概没有猫来得高,因为猫是动物,能吃喝拉撒;猫的完美等级大概没有人类高,因为人拥有有限的心智;人的完美程度大概没有上帝高,因为人的一切都是有限的,而上帝的一切都是无限的。因此,阿奎那得出,上帝是这个世界最完美的东西,是衡量一切事物完美程度的标准。

◆ 你能试着反驳这个论证吗?

马克思曾经在《黑格尔的〈法哲学〉批判》中写到:"人创造了宗教,而不是宗教创造了人。"把上帝看作完美的标准恰恰是对人的本质力量的遗忘和颠倒。自欧洲文艺复兴以来,人被重新发现。上帝反倒是人的异化,上帝的本质应当是人的本质。

第五，从世界的秩序（或目的因）来论证上帝的存在。我们看到：那些无知识的人，甚至那些生物，也为着一个目标而活动；他们活动起来，总是或常常是遵循同一途径，以求获得最好的结果。显然，他们谋求自己的目标并不是偶然的，而是有计划的。但是，一个无知者如果不受某一个有知识和智慧的存在者的指挥，如像箭受射者指挥一样，那他也不能移动到目的地。所以，必定有一个有智慧的存在者，一切自然的事物都靠它指向着他们的目的。这个存在者，我们称为上帝。

亚里士多德曾经总结了古希腊自然哲学诸观点，将之前哲学家（当时的学科还没有今天如此细化的分类，因此哲学家同时也是物理学家）对自然的理解归为四种原因：动力因、质料因、形式因、目的因。亚里士多德对目的因的提出甚是得意，他认为这种原因是他独创的，前人还未曾提出过。

目的因的提出对后来神哲学的发展有着重要的价值。阿奎那借用了亚里士多德的目的因哲学去论证上帝存在。阿奎那观察到：世界像一座钟表一样精密地运转着，每个事物的指向或目的都被设计得井井有条、严丝合缝，在那巧妙的食物链、精致的山川面前，阿奎那不相信这鬼斧神工的事物是由某个有限的人设计创造的。无限精密的世界只可能由无限智能的上帝设计（design）。所以，这大千宇宙本身就蕴含了上帝存在。

◆ 你能试着反驳这个论证吗？

反驳目的论证明的最有力思想来源于达尔文（Charles Robert Darwin）的自然选择说。以生态圈为例，达尔文告诉我们这是自然生物本身选择的过程，而不是外在某种智慧的设计结果。今天，甚至有思想家试图更进一步解释这种自然选择，有人用复杂性科学（complexity）的方法，用涌现性（emergency）概念来解释和描述这种看似"智慧"的选择。

摘自托马斯：《神学大全》，第 1 集，第 1 部，第 2 题，第 3 条.转引自北京大学哲学系编译.西方哲学原著选读[M].北京：商务印书馆，1981.

他是谁?

BLAISE PASCAL（1623—1662）was a French mathematician, physicist, inventor, writer and Catholic theologian. He was a child prodigy who was educated by his father, a tax collector in Rouen. Pascal's earliest work was in the natural and applied sciences where he made important contributions to the study of fluids, and clarified the concepts of pressure and vacuum by generalising the work of Evangelista Torricelli. Pascal also wrote in defence of the scientific method.

From Wikipedia（"Blaise Pascal"）

哲学家如是说 B 篇

《思想录》"必须打赌"选节

帕斯卡（Blaise Pascal）

那么,就让我们来考察一下这个论点吧,让我们说:"上帝存在,或者是不存在"。然而,我们将倾向哪一边呢? 在这上面,理智是不能决定什么的;有一种无限的混沌把我们隔离开了。这里进行的是一场赌博,在那无限距离的极端,正负是要见分晓的。你要赌什么呢? 根据理智,你就既不能得出其一,也不能得出另一;根据理智,你就不能辩护双方中的任何一方。

因此,就不要谴责那些已经做出了一项抉择的人们的谬误吧! 因为你也是一无所知。——"不;我要谴责他们的,并不是已经做出了这项抉择,而是做出了一项抉择;因为无论赌这一边还是另一边的人都属同样的错误,他们双方都是错误的:正确的是根本不赌"。

——是的;然而不得不赌;这一点并不是自愿的,你已经上了船。然则,你将选择哪一方呢? 让我们看看吧。既然非抉择不可,就让我们来看什么对你的利害关系最小。你有两样东西可输:即真与善;有两件东西可赌:即你的理智和你的意志,你的知识和你的福祉;而你的天性又有两样东西要躲避:即错误与悲惨。既然非抉择不可,所以抉择一方而非另一方也就不会更有损于你的理智。这是已成定局的一点。然而你的福祉呢? 让我们权衡一下赌上帝存在这一方面的得失吧。让我们估价这两种情况:假如你赢了,你就赢得了一切;假如你输了,你却一无所失。因此,你就不必迟疑去赌上帝存在吧。——"这个办法真了不起。是的,非赌不可;不过或许我赌得太多了吧。"——让我们再看。既然得与失是同样的机遇,所以假如你以一生而只赢得两次生命的话,你还是应该打这个赌;然而假如有三次生命可以赢得的话,那就非得赌不可了。何况你有必要非赌不可;并且当你被迫不得不赌的时候而不肯冒你的生命以求赢得一场一本三利而得失的机遇相等的赌博,那你就是有欠深谋熟算了。然而这里却是永恒的生命与幸福。既然如此,所以在无限的机会之中只要有一次对你有利,你就还是有理由要赌一以求赢得二的;你既然不得不赌而你又不肯以一生来赌一场三比一的赌博,——其中在无限的机遇里,有一次是对你有利的,假如有一场无限幸福的无限生命可以赢得的话——那么你的举动就是头脑不清了。然而,这里确乎是有着一场无限幸福的无限生命可以赢得,对有限数目的输局机遇来说确实是有一场赢局的机遇,而你所赌的又是有限的。这就勾销了一切选择:凡是无限存在的地方,凡是不存在无限的输局机遇对赢局机遇的地方,就绝没有犹豫的余地,而是应该孤注一掷。所以当我们被迫不得不赌的时候,与其说我们是冒生命之险以求无限的赢局(那和一无所失是同样地可能出现),倒不如说我们是必须放弃理智以求保全生命。

因为说我们并不一定会赌赢,而我们却一定得冒险,以及说在我们付出的确定性与我们必赢的不确定性这两者之间的无限距离就等于我们必定要付出的有限财富与无从确定的无限这两者之间距离;这种说法是毫无用处的。事实并不如此;所有的赌徒都是以确定性为赌注以求赢得不确定;然而他却一定得以有限为赌注以求不一定赢得有限,这并不违反理智。说我们付出的这种确定性与赢局的不确定性之间并不存在无限的距离,这种说法是错误的。事实上,在赢局的确定性与输局的确定性之间存在着无限。但是赢局的不确定性则依输赢机遇的比例而与我们所赌的确定性成比例。由此可见,如果一方与另一方有着同等的机遇,那么所赌的局势便是一比一;而这时我们所付出的确定性就等于赢局的不确定性;其间绝不是有着无限的距离。<u>因此在一场得失机遇相等的博弈中,当所赌是有限而所赢是无限的时候,我们的命题便有无限的力量。</u>这一点是可证的;而且假如人类可能达到任何真理的话,这便是真理。

摘自帕斯卡著,何兆武译. 思想录[M]. 北京:商务印书馆,2013.

思考题

1. 帕斯卡在科学上以压强规律和概率论著称于世。概率的方法也是今天研究形而上学或知识论必备的一种技术。你们能够重构帕斯卡在《思想录》中那个有名的"上帝之赌"的论证吗?

2. 帕斯卡说:"根据理智,你就不能辩护双方中的任何一方。"这是什么意思?联系上一讲的存在论证明和五路证明以及针对它们的辩难,请你们想想这句话的深意。

3. 不能用理智去论证上帝,那用什么去论证上帝呢? 想想帕斯卡是如何说的。

4. 你能否驳斥帕斯卡的"上帝之赌"?

进一步阅读的书目

1. 卡尔·萨根.卡尔·萨根的上帝[M].海南：海南出版社,2010.

   萨根是美国伟大的物理学家、科普书作者。他从一名科学家的角度带领我们审视上帝和宇宙,进而讨论形而上学和当代物理学之间的关系,有趣生动,让人很长见识。

2. 马克思《黑格尔法哲学批判·导言》

   马克思对人类解放问题的思索发端于他对基督教的批判。马克思对宗教有十分透彻和清醒的认识,《黑格尔法哲学批判》中对宗教问题的探讨值得一读。

3. BBC 拍摄了一部名为《无神论简史》(*Brief History of Disbelief*)的纪录片,世界第一流的哲学家理道金斯(Richard Dawkins)、丹内特(Daniel Dennett)等纷纷出镜。

第五讲　知识是什么？（上）——知识的本性

他是谁？

EDMUND GETTIER is an American philosopher and Professor Emeritus at the University of Massachusetts Amherst. He is best known for his short 1963 paper, "Is Justified True Belief Knowledge?", which has generated an extensive philosophical literature trying to respond to what became known as the Gettier problem.

Gettier was educated at Cornell University, where his mentors included Max Black and Norman Malcolm. Gettier, himself, was originally attracted to the opinions of the later Ludwig Wittgenstein. His first teaching job was at Wayne State University in Detroit, Michigan, where his colleagues included Keith Lehrer, R. C. Sleigh, and Alvin Plantinga. Because he had few publications, his colleagues urged him to publish any ideas he had just to satisfy the administration. The result was a three-page paper that remains one of the most famous in recent philosophical history. According to anecdotal comments that Plantinga has given in lectures, Gettier was originally so unenthusiastic about the article that he had someone translate it into Spanish, and published it first in a South American journal. The article was later published in *Analysis*. Gettier has since not published anything, but he has invented and taught to his graduate students new methods for finding and illustrating countermodels in modal logic, as well as simplified semantics for various modal logics.

From Wikipedia（"Edmund Gettier"）

知识窗

What is this thing called Epistemology?

Epistemology is the study of knowledge. Epistemologists concern themselves with a number of tasks, which we might sort into two categories.

First, we must determine the *nature* of knowledge; that is, what does it mean to say that someone knows, or fails to know, something? This is a matter of understanding what knowledge is, and how to distinguish between cases in which someone knows something and cases in which someone does not know something. While there is some general agreement about some aspects of this issue, we shall see that this question is much more difficult than one might imagine.

Second, we must determine the *extent* of human knowledge; that is, how much do we, or can we, know? How can we use our reason, our senses, the testimony of others, and other resources to acquire knowledge? Are there limits to what we can know? For instance, are some things unknowable? Is it possible that we do not know nearly as much as we think we do? Should we have a legitimate worry about skepticism, the view that we do not or cannot know anything at all?

David A. Truncellito："Epistemology".
Internet Encyclopedia of Philosophy,2018.

Is Justified True Belief Knowledge? Selected

Edmund L. Gettier

Various attempts have been made in recent years to state necessary and sufficient conditions for someone's knowing a given proposition. The attempts have often been such that they can be stated in a form similar to the following:

(a) S knows that P IFF

i   P is true,

ii   S believes that P, and

iii   S is justified in believing that P.

你们每天要学习大量的知识,数学知识、自然知识、为人处世的知识,可是你们是否考虑这样的问题:知识究竟是什么?

许多事物都是这样,如果不问你,你觉得非常清楚,然而一旦仔细思考,便茫然若失。从清醒变为混沌,在混沌中发现奥妙,这是专属于哲学的"死去活来"。在哲学门径之中,有一条路专门来研究与知识相关的问题,即"知识论"(epistemology,或叫做"认识论")。除了讨论知识的定义外,知识论还研究人们怎么获取知识、知识有何分类、知识的限度何在、如何制造具有学习能力的机器等。在接下来的几讲中,我们主要围绕知识论的一些问题进行讨论。

这讲所要读的小文章很有趣,它不仅是哲学家津津乐道了五六十年的一个经典哲学话题,也经常出现在各类谜题书中,受到解谜爱好者的追捧。写这篇文章的哲学家盖梯尔(Edmund Gettier),凭借这篇当年发表于顶级哲学期刊《分析》(Analysis)上只有 3 页的小论文,闻名于世,乃至一类哲学问题也以他的名字命名,即"盖梯尔问题"(Gettier Problem)。

这篇文章的核心是要讨论命题知识(know that)的定义是什么,更逻辑化地说,即研究知识的充分必要条件(necessary and sufficient)是什么。知识有许多种,一般认为知识大概有命题知识、能力之知(know how)、亲知(know by acquaintance)等。盖梯尔不考虑后两者,而只考虑命题知识(对于后两者及三者间关系的研究是当代知识论研究的热点前沿)。所谓命题知识,英文中就是由 know 所引出的宾语从句,如"我知道今天是个好天气"(I know that it is fine today.)、"我知道停车场上有 51 辆车"(I know that there are 51 cars in the park.)。"今天是个好天气"、"停车场上有 51 辆车"都是知识(下文所说的"知识"皆为命题知识)。

盖梯尔总结了以往哲学家的观点,认为知识的充要条件公认为有三个:认知者 S 相信命题 P,命题 P 是真的,命题 P 是受到辩护的。

首先,构成知识的命题 P 必须为真。任何的知识都必须是真的,否则就不能成为知识。比如在科学史上,人们一度相信"地球绕着太阳转",而这个命题后来被证明是假命题,因此,它应从人类的知识大厦中排除出去。在日常生活中,如果停车场上明明有 59 辆车,而你却说只有 51 辆,那么,我们也只能说你"相信"停车场上有 51 辆车,而不会说你"知道"停车场上有 51 辆车。至于什么是"真",我们暂且认为"真"就是命题与事实(facts)相符合。具体关于"真"的讨论是形而上学和逻辑学中一个非常复杂的话题,这里暂且不表。

其次,认知者 S 还必须相信命题 P。对于命题 P,认知者可以有许多命题态度(propositional attitude),比如 S 可以怀疑 P、反对 P、知道 P、相信 P 等。知识论者普遍认为,"知道"的命题态度是"相信"的命题态度的一个子集。比如,我知道今天天气很好,但是我却不相信今天天气很好。这种说法明显是荒谬的。同理,我相信外星人存在与我知道外星人存在之间也明显不同。信念只有满足了一定的条件才能成为知识,这是知识论者公认的一个说法。

最后,知识还必须"经辩护"(justified,也译为"证成")。这是知识的三个条件中被后来哲学家讨论最多的条件。辩护最早显然是个法律用语,在法庭上,双方都要用证据(evidence)来为自己的观点作辩护。同样,一个信念是知识,也要有东西为它辩护。之所以知识要辩护,一个重要的原因在于知识要排除运气的干扰(luck,运气是哲学中非常重要的概念。读完全文,有兴趣的同学可以想想为什么说辩护并没有彻底排除认知方面的运气)。比如,我现在有个真信念——"停车场上有69辆车",不过这个真信念是我随口说的,这意味着我可以随口说97辆,也可以说54辆,只不过我碰巧说对了。显然,"停车场上有69辆车"这个信念虽然真,但不构成知识,也许只能算扯淡(bullshit)。在科学研究当中,我们做实验、写推导、重理由(reason),其实也是为某个科学信念进行辩护,毕竟一个随意给出的科学结论,就算是真的,也不能称其为人类知识。知识厌恶运气,因此知识需要辩护来排除运气。

◆ 请你们随意说些你们认为是知识的东西,并且说说这些知识中是否包含着以上三个条件。

……

I shall argue that (a) is false in that the conditions stated therein do not constitute a sufficient condition for the truth of the proposition that S knows that P.

……

以上三个条件史称为知识的"三元定义"。这三个条件加在一起,则成为知识的充分条件;三个条件分开,则各自成为知识的必要条件。盖梯尔告诉我们,知识的"三元定义"并不是他创造的,而是前辈先哲早就提出的,比如柏拉图在《泰阿泰德篇》中就这么说过,比他资格老的哲学家齐硕姆(Roderick M. Chisholm)、艾耶尔(Alfred Jules Ayer)也都这么认为。

盖梯尔野心不小。他要凭一己之力和眼前的几个段落,推翻从柏拉图以降几千年公认的知识定义。他告诉我们,柏拉图和之前的那些名哲都错了,"三元定义"不管是不是知识的必要条件,但至少不是知识的充分条件。

◆ 如果让你去证明某个条件不是充分条件，你会使用什么方法？

I shall begin by noting two points. Firstly, in that sense of 'justified' in which S's being justified in believing P is a necessary condition of S's knowing that P, it is possible for a person to be justified in believing a proposition that is in fact false. Secondly, for any proposition P, if S is justified in believing P, and P entails Q, and S deduces Q from P and accepts Q as a result of this deduction, then S is justified in believing Q. Keeping these two points in mind, I shall now present two cases in which the conditions stated in (a) are true for some proposition, though it is at the same time false that the person in question knows that proposition.

没有错，要证明某个条件非充分，最简单的方式就是举个反例。换言之，这个反例要满足既有前提，同时反例与结论的性质不符。盖梯尔的思路也是这样，不过在开始举反例前，他先向我们澄清两件符合大多数人直觉的事。

第一，盖梯尔提醒我们注意，人们可以为假命题辩护。比如，真凶是张红，可是侦探可以为自己所找到的凶手王三辩护（逻辑上叫做肯定后件式，实用主义逻辑学家皮尔士（Charles Sanders Peirce）称之为溯因推理（abduction））。在科学史上，不少物理学家为以太的存在提供了卓有成效的辩护。公说公有理，婆说婆有理，这十个字生动地诠释了辩护的意思。第二，盖梯尔让我们注意认知逻辑中的"认知闭合"原则（epistemic closure）。有蕴含式：如果P，那么Q。现在P是经过辩护的，根据认知闭合原则，那么我们可以说，Q也是经过辩护的。比如，如果天气很好，那么运动会就会举行。现在我们有理由认为天气很好，那么我们也有理由认为运动会会举行。认知闭合原则也很符合一般人的直觉。

◆ 请你阅读盖梯尔在下面提出的两个案例。分析这两个案例何以对传统的"三元定义"构成挑战？

Case I

Suppose that Smith and Jones have applied for a certain job. And suppose that

Smith has strong evidence for the following conjunctive proposition：

(d) Jones is the man who will get the job, and Jones has ten coins in his pocket.

思想实验(thought experiment)是哲学家们经常使用的哲学研究方法。盖梯尔运用了这个方法,为我们讲了两个认识论故事。第一个故事是这样的:

史密斯和琼斯一起去找工作。公司的老板遗憾地告诉史密斯,他的好朋友琼斯最终获得了 offer。史密斯悻悻然,赖着琼斯让她请吃饭。琼斯说,我没钱啊。史密斯不信,顺手伸进琼斯的口袋摸了摸,的确只有十块钱,只好作罢。不管怎么样,史密斯现在有一个他深信不疑且得到辩护的命题"琼斯得到了工作,并且口袋里有十块钱"。

Smith's evidence for (d) might be that the president of the company assured him that Jones would in the end be selected, and that he, Smith, had counted the coins in Jones's pocket ten minutes ago. Proposition (d) entails：

(e) The man who will get the job has ten coins in his pocket.

Let us suppose that Smith sees the entailment from (d) to (e), and accepts (e) on the grounds of (d), for which he has strong evidence. In this case, Smith is clearly justified in believing that (e) is true.

我们显然能够从"琼斯得到了工作,并且口袋里有十块钱"推得"有个人得到了工作,并且口袋里有十块钱"。根据认知闭合原则,如果逻辑前件得到了辩护,那么逻辑后件也同样得到了辩护。因此,史密斯现在有一个经辩护且深信不疑的命题"有个人得到了工作,并且口袋里有十块钱"。

But imagine, further, that unknown to Smith, he himself, not Jones, will get the job. And, also, unknown to Smith, he himself has ten coins in his pocket. Proposition（e）is then true, though proposition（d）, from which Smith inferred（e）, is false. In our example, then, all of the following are true：（i）（e）is true,（ii）Smith believes that（e）is true, and（iii）Smith is justified in believing that（e）is true. But it is equally clear that Smith does not know that（e）is true; for（e）is true in virtue of the number of coins in Smith's pocket, while Smith does not know how many coins are in Smith's pocket, and bases his belief in（e）on a count of the coins in Jones's pocket, whom he falsely believes to be the man who will get the job.

有趣的事情发生了。公司老板是个糊涂人（"糊涂人"是思想实验中的常客。因为有了糊涂人，事情就会有转机，就会有巧合，就会出现运气），他搞错了一件事：并不是琼斯得到了工作，而是史密斯得到了工作。同时，史密斯也是个糊涂人，她不拘小节，从来搞不清楚自己口袋有多少钱，那天也不例外。不过，那天她恰好口袋里也放了十块钱。

于是，史密斯的命题"有个人得到了工作，并且口袋里有十块钱"是她所相信的、是经过辩护的，并且在机缘巧合下，竟然也是真的！按照传统的"三元定义"，这个命题是知识。

然而，这真的是史密斯的知识吗？对于获得工作机会的人和自己口袋里的钱，她可是一无所知啊！

Case II

Let us suppose that Smith has strong evidence for the following proposition：

（f）Jones owns a Ford.

Smith's evidence might be that Jones has at all times in the past within Smith's memory owned a car, and always a Ford, and that Jones has just offered Smith a ride while driving a Ford. Let us imagine, now, that Smith has another friend, Brown, of whose whereabouts he is totally ignorant. Smith selects three place names quite at random and constructs the following three propositions：

第二个故事是这样的：琼斯经常开着福特车带着史密斯兜风。琼斯还信誓旦旦地向史密斯说，这辆漂亮的福特车是她的。所以，史密斯有一个经过辩护的信念"琼斯有辆福特车"。

史密斯有一位好朋友布朗。布朗神龙见首不见尾，史密斯搞不清楚他在哪里。当别人问起她布朗在哪里时，她经常给出一些胡乱的地名，比如布朗在波士顿、布朗在巴塞罗那、布朗在布列斯特。

(g) Either Jones owns a Ford, or Brown is in Boston.

(h) Either Jones owns a Ford, or Brown is in Barcelona.

(i) Either Jones owns a Ford, or Brown is in Brest – Litovsk.

Each of these propositions is entailed by (f). Imagine that Smith realizes the entailment of each of these propositions he has constructed by (f), and proceeds to accept (g), (h), and (i) on the basis of (f). Smith has correctly inferred (g), (h), and (i) from a proposition for which be has strong evidence. Smith is therefore completely justified in believing each of these three propositions, Smith, of course, has no idea where Brown is.

像这类"要么琼斯有一辆福特车，要么布朗在巴塞罗那"的命题，逻辑学中称之为选言命题（disjunction）。选言命题有一项推理规则，即如果某命题为真，那么该命题和任意命题组成的选言命题也为真，即 $P \rightarrow (P \vee Q)$。根据认知闭合原则，命题"琼斯有辆福特车"是经过辩护的，因此，"要么琼斯有一辆福特车，要么布朗在巴塞罗那"之类与"琼斯有辆福特车"析取的命题都是经过辩护的。

But imagine now that two further conditions hold. Firstly Jones does not own a Ford, but is at present driving a rented car. And secondly, by the sheerest coincidence, and entirely unknown to Smith, the place mentioned in proposition (h) happens really to be the place where Brown is. If these two conditions hold, then Smith does not know that (h) is true, even though (i) (h) is true, (ii) Smith does believe that (h) is true, and (iii) Smith is justified in believing that (h) is true.

These two examples show that definition (a) does not state a sufficient condition for someone's knowing a given proposition. The same cases, with appropriate changes, will suffice to show that neither definition (b) nor definition (c) do so either.

有趣的事情又降临到了史密斯的头上。琼斯说了谎,其实他没有福特车,带着史密斯兜风的那辆车是福特的舅舅借给他的。同时,史密斯随口说的关于布朗的所在地巴塞罗那,恰巧被她说中。布朗的确偷偷摸摸地带着女朋友在巴塞罗那旅游呢。

这下问题又出现了,史密斯的信念"要么琼斯有一辆福特车,要么布朗在巴塞罗那"是真的,是她所相信的且经过辩护的,但是史密斯真的不知道那辆福特车是琼斯舅舅的而不是琼斯的,也不知道布朗正在巴塞罗那。

Edmund Gettier, "Is Justified True Belief Knowledge?"
Analysis, Vol. 23, pp. 121 - 23 (1963).

两个故事说完了。盖梯尔举重若轻,简短有力地向人们宣告:柏拉图以来人们对知识的见解都出现了错误。也许盖梯尔自己也没有想到,当年无心撰写的一篇论文后来竟然引起了哲学界几十年的讨论。哲学家们为了解决盖梯尔问题,想出了不少办法。你能设想几种弥补漏洞的做法吗?

The Analysis of Knowledge, Selected

Jonathan Jenkins Ichikawa, Matthias Steup

. . . . . .

4. No False Lemmas

According to one suggestion, the following fourth condition would do the trick:

(iv) S's belief that p is not inferred from any falsehood.

In Gettier's cases, the justified true belief is inferred from a justified false belief. So condition (iv) explains why it isn't knowledge. However, this "no false lemmas" proposal is not successful in general. There are examples of Gettier cases that need involve no inference; therefore, there are possible cases of justified true belief without knowledge, even though condition (iv) is met. Suppose, for example, that James, who is relaxing on a bench in a park, observes an apparent dog in a nearby field. So he believes

(d) There is a dog in the field.

Suppose further that the putative dog is actually a robot dog so perfect that it could not be distinguished from an actual dog by vision alone. James does not know that such robot dogs exist; a Japanese toy manufacturer has only recently developed them, and what James sees is a prototype that is used for testing the public's response. Given these assumptions, (d) is of course false. But suppose further that just a few feet away from the robot dog, there is a real dog, concealed from James's view. Given this further assumption, James's belief in (d) is true. And since this belief is based on ordinary perceptual processes, most epistemologists will agree that it is justified. But as in Gettier's cases, James's belief appears to be true only as a matter of luck, in a way inconsistent with knowledge. So once again, what we have before us is a justified true belief that isn't knowledge. Arguably, this belief is directly justified by a visual experience; it is not inferred from any falsehood. If so, then the JTB account, even if supplemented with (iv), gives us the wrong result that James knows (d).

Another case illustrating that clause (iv) won't do the job is the well-known Barn County case (Goldman 1976). Suppose there is a county in the Midwest with the following peculiar feature. The landscape next to the road leading through that county is peppered with barn-facades: structures that from the road look exactly like barns. Observation from any other viewpoint would immediately reveal these structures to be fakes: devices erected for the purpose of fooling unsuspecting motorists into believing in the presence of barns. Suppose Henry is driving along the road that leads through Barn County. Naturally, he will on numerous occasions form false beliefs in the presence of barns. Since Henry has no reason to suspect that he is the victim of organized deception, these beliefs are justified. Now suppose further that, on one of those occasions when he believes there is a barn over there, he happens to be looking at the one and only real barn in the county. This time, his belief is justified and true. But since its truth is the result of luck, it is exceedingly plausible to judge that Henry's belief is not an instance of knowledge. Yet condition (iv) is met in this case. His belief is not the result of any inference from a falsehood. Once again, we see that (iv) does not succeed as a general solution to the Gettier problem.

......

6. 2. Causal Theories of Knowledge

Another move in a similar spirit to K-Reliabilism replaces the justification clause in the JTB theory with a condition requiring a causal connection between the belief and the fact believed; this is the approach of Goldman (1967, 1976). Goldman's own causal theory is a sophisticated one; we will not engage with its details here. Instead, consider a simplified causal theory of knowledge, which illustrates the main motivation behind causal theories.

Simple Causal Theory of Knowledge:

S knows that p iff

a. P is true;

b. S believes that P;

c. S's belief that P is caused by the fact that P.

Do approaches like Simple K-Reliabilism or the Simple Causal Theory fare any better than the JTB theory with respect to Gettier cases? Although some proponents have suggested they do — see e. g. , Dretske 1985: 179; Plantinga 1993: 48 — many of the standard counterexamples to the JTB theory appear to refute these views as well. Consider again the case of the barn facades. Henry sees a real barn, and that's why he believes there is a barn nearby. This belief is formed by perceptual processes, which are by - and - large reliable: only rarely do they lead him into false beliefs. So it looks like the case meets the conditions of Simple K-Reliabilism just as much as it does those of the JTB theory. It is also a counterexample to the causal theory, since the real barn Henry perceives is causally responsible for his belief. There is reason to doubt, therefore, that shifting from justification to a condition like reliability will escape the Gettier problem. Gettier cases seem to pose as much of a problem for K — reliabilism and causal theories as for the JTB account. Neither theory, unless amended with a clever "degettiering" clause, succeeds in stating sufficient conditions for knowledge.

......

From Ichikawa, Jonathan Jenkins and Steup, Matthias, "The Analysis of

Knowledge", The Stanford Encyclopedia of Philosophy（Fall 2017 Edition）.

思考题

1. 对于盖梯尔问题的解决思路主要分为两种。一种思路是在原有的"三元定义"的基础上再增加一个"第四条件"（the fourth condition），从而使盖梯尔式反例得到排除；第二种思路是对原有定义中的辩护概念加以进一步的解释。辩护概念在"三元定义"中是歧义最多的元素，为它赋予新的内涵成为了哲学家们发力的一个角度。我们在选节中分别选取了每一种思路中的一个典型方案，请你们分析一下，这两种方案是如何克服盖梯尔反例的？

2. 哲学家喜欢争论，往往有了某个观点，就有了对这个观念的质疑。因此，请你们想想，为什么这两种方案在应对知识定义的问题上还有不足之处？

3. 由于对盖梯尔问题的不同回应，当代知识论分殊出异质多样的知识论诸流派。请你们去图书馆读读书，看看在对知识本性的理解上还有哪些不同的理论派别。

4. 不少人，如维特根斯坦（Ludwig Wittgenstein），认为，西方思想掉进了追求本质和普遍性的陷阱。人们不知道桌子的定义，但是无碍于人们制造桌子、使用桌子。人们天天都在生产知识、运用知识，真的有必要知道知识是什么吗？谈谈你的看法。

5. 哲学直觉（philosophical intuition）似乎在盖梯尔的论证中扮演了极其重要的角色。近十年不断有人提出，盖梯尔问题中所有的直觉都是有一定知识水平的西方白种男人的直觉。你有类似盖梯尔问题中的那种直觉吗？你可是一名从来没有接触过知识论的亚洲黄种人！

进一步阅读的书目

Pritchard D. *What is This Thing Called Knowledge?*［M］. Routledge，2009.

　　普瑞查德出版的这本知识论导论类的书，文字流畅、内容精到，适合在知识论方面只懂 ABC 的人读。曾经我还将此书当作出国班同学知识论概论课的教材。普瑞查德是世界一流的知识论哲学家，他对一些问题的阐述颇具穿透力，我读着也深受启发。

第六讲　知识是什么？（下）——知识的价值

他是谁？

Linda Trinkaus Zagzebski (born 1946) is an American philosopher. She is George Lynn Cross Research Professor, and Kingfisher College Chair of the Philosophy of Religion and Ethics at the University of Oklahoma. She writes in the areas of epistemology, philosophy of religion, and virtue theory. She was (2015—2016) president of the American Philosophical Association Central Division, and gave the Gifford Lectures at the University of Saint Andrews in the fall of 2015. She is past president of the American Catholic Philosophical Association, and past president of the Society of Christian Philosophers. She was a 2011—2012 Guggenheim Fellow.

From Wikipedia ("Linda Trinkaus Zagzebski")

中国的认识论大家

　　冯契,原名冯宝麟,1915 年 11 月 4 日出生于浙江诸暨。著名哲学家、哲学史家。1938 年加入中国共产党。1995 年 3 月 1 日逝世,享年 80 岁。

　　1935 年,冯契考入清华大学哲学系,抗战爆发后,曾赴延安,并辗转山西、河北等地,参加抗日工作。1939 年前往西南联大复学,1941 年毕业。1941 年至 1944 年,在清华文科研究所读研究生期间,曾从学于冯友兰、金岳霖、汤用彤等。离开西南联大后,曾任教于云南大学、同济大学、复旦大学等,并在《哲学评论》、《时与文》、《展望》等杂志发表学术论文与杂文。

　　冯契的代表作有"智慧说三篇"(《认识世界和认识自己》、《逻辑思维的辩证法》、《人的自由和真善美》),《哲学史两种》(《中国古代哲学的逻辑发展》、《中国近代哲学的革命历程》),著作结集为《冯契文集》10 卷本(1996)、11 卷本(2015)。

　　成中英评价道:冯契先生的哲学是从现代中国的政治社会文化的冲击、变革及对其的反思中提炼出来的。他的哲学思想不但具有丰富的时代精神与社会生活体验,更具有对自然与社会认识的反思与对此反思的智慧。

摘自华东师范大学网站

THE SEARCH FOR THE SOURCE OF EPISTEMIC
GOOD, Selected

Linda Zagzebski

It is almost always taken for granted that knowledge is good, better than true belief *simpliciter*, but it is remarkably difficult to explain what it is about knowledge that makes it better. I call this "the value problem".

◆ 回忆上一讲的内容,一般认为知识是由哪三个条件构成的? 这三个条件分别说的是什么意思?

◆ 再想想为什么仅有真信念不能构成知识?

上一讲我们主要讨论了知识论中知识的本性(nature)问题。最近十几年来,一些哲学家,如本文作者扎泽博斯基(Linda Zagzebski),独辟蹊径,从价值(value)维度来研究知识的构成,进而发展出了知识的价值问题。这股以价值的观点来审察知识的研究浪潮,甚至被哲学家瑞格斯(Wayne Riggs)称为知识论的"价值转向"(value turn)。

什么是知识的价值问题呢? 自柏拉图以来,人们普遍认为知识与真信念的价值不同,而知识的价值要明显高于真信念。柏拉图曾经说:"真正且唯一的不幸,是被剥夺了知识","我和其他人来说,智慧和知识注定乃人世间的至上之物"。这一点似乎也非常符合我们的直觉。高中生们辛苦地求索知识,而不是简单地获取一些真信念,因为知识来得更可贵些。可是,柏拉图却在他的《美诺篇》(Meno)中发现了一个价值之谜(如果说知识的本性问题主要体现在柏拉图的《泰阿泰德篇》,那么价值问题则集中于《美诺篇》,不少当代哲学家总喜欢引经据典：瞧，我们讨论的哲学问题几千年前的先贤们也讨论过呢）。

柏拉图像今天的知识论者一样，给大家讲了一个故事。有两个导游要带团去拉瑞萨（Larissa）。王导是一位经验丰富的导游，他多次去拉瑞萨，因而他有关于去拉瑞萨路线的知识。张导初出茅庐，从未去过拉瑞萨，但好运经常光顾他，他虽然糊里糊涂不"知道"去那儿的路线，但仍旧阴差阳错，将一队人马成功地带到了目的地。他只有关于去拉瑞萨路线的真信念。

故事讲完了，柏拉图问我们：真信念和知识明明都可以带领我们去拉瑞萨，为啥还说知识的价值要比真信念来得更高呢？如果知识和真信念的价值一样，为何人们还要千辛万苦地探求知识，不如随地捡一些真信念了事吧。

◆ 柏拉图的论证说的是知识和真信念的何种价值？你能根据上一讲的知识的"三元定义"反驳柏拉图的这个论证吗？

其实，柏拉图意识到了上述论证的关键所在：这里说的真信念和知识的价值实际是一种实用价值（practical value）。但是，知识没有额外的实用价值不意味着知识没有额外的内在价值（intrinsic value）。不要忘了，知识的内在成分要比真信念多一点，柏拉图讲了一个故事：雕塑巨匠达达罗斯的作品栩栩如生，以至于一旦完成，这些作品就有了生命，拔腿就跑。不得已，达达罗斯要把这些雕像绑起来（tied down），使之不能逃跑。知识不也是这样吗？真信念容易"溜"，我们一定要加一个东西，也就是辩护的要素，从而将之固定下来。这样，经过辩护的真信念的价值大概就要大于仅仅是真信念的价值了吧？柏拉图基本上是这么认为的。

I have previously argued that most forms of reliabilism have a particularly hard time handling the value problem. According to standard reliabilist models, knowledge is true belief that is the output of reliable belief — forming processes or faculties. But the reliability of the source of a belief cannot explain the difference in value between knowledge and true belief. One reason it cannot do so is that reliability per se has no value or disvalue. A reliable espresso maker is good because espresso is good. A reliable water - dripping faucet is not good because dripping water is not good. The good of the product makes the reliability of the source that produces it good, but the reliability of the source does not then give the product an additional boost of value. The liquid in this cup is not improved by the fact that it comes from a reliable espresso maker. If the espresso tastes good, it makes no difference if it comes from an unreliable machine. If the flower garden is beautiful, it makes no difference if it was planted by an unreliable gardener. If the book is fascinating, it makes no difference if it was written by an unreliable author. If the belief is true, it makes no difference if it comes from an unreliable belief-producing source.

然而,以女哲人扎泽博斯基教授为首的一大批当代知识论者(还有罗格斯大学(Rutgers)的索萨(Ernest Sosa)、戈德曼(Alvin Goldman)、英国爱丁堡大学(Edinburg)的普瑞查德(Duncan Pritchard)等)不这么看待柏拉图的观点,她(他)们和当年的盖梯尔一样,要把柏拉图批判一番。

扎泽博斯基的批判起点针对的是当代知识论中的一种可靠主义(reliabilism)知识观,即把知识认作一种由可靠过程所产生的真信念。简单说,可靠主义者不认为知识需要经过某种内在于认知主体的辩护,而只需要真信念由一个可靠的过程,比如可靠的官能(faculty)产生即可。扎泽博斯基打了个后来被广泛讨论的比方:知识与可靠过程的关系,如同咖啡是由功能正常的咖啡机所制作的;或者某本书是由名作家写就的;再或者花园是由杰出的园丁设计种植的。

◆ 扎泽博斯基在文中所写的咖啡机和咖啡、园丁和花朵、作者和书的比喻背后的价值问题在哪里呢?

This point applies to any source of a belief, whether it be a process, faculty, virtue, skill — any cause of belief whose value is thought to confer value on the true belief that is its product, and which is thought to confer value because of its reliability. If knowledge is true belief arising out of the exercise of good traits and skills, it cannot be the reliability of the agent's traits and skills that adds the value. Those traits or skills must be good for some reason that does not wholly derive from the good of the product they produce: true belief. As reliabilism has matured, the location of reliability has shifted from processes to faculties to agents. **There are advantages in this progression, but if the good‐making feature of a belief‐forming process or faculty or agent is only its reliability, then these versions of reliabilism all share the same problem: being the product of a reliable faculty or agent does not add value to the product.** Hence, if knowledge arises from something like intellectual virtue or intellectually virtuous acts, what makes an intellectual trait good, and hence a virtue, cannot be simply that it reliably leads to true belief. **This, then, is the first moral of the value problem:** *Truth plus a reliable source of truth cannot explain the value of knowledge.*

可如果这样的话问题就来了。不管咖啡机可靠不可靠,只要这杯咖啡本身有价值不就行了吗? 现在有两杯咖啡,两杯的质量口味都很好,一杯是可靠的咖啡机制作的,而另一杯是不可靠的咖啡机制作的,难道这两杯咖啡的价值有区别? 同样道理,两位大学毕业生都具有相同的能力水平,不过一位是名牌大学的毕业生,一位是三流院校的毕业生,难道两人的价值有区别吗? 两本哲学书都同样糟糕,一本是我写的,另一本是亚里士多德写的,难道这两本书的价值也不一样?

对于知识也出现了同样的问题。两个一模一样的真信念,区别仅在于是否来自可靠的过程。我们决不能说来自可靠过程的真信念就要比胡乱蹦出的真信念来得更有价值。当然可靠主义知识论在当代有许多变种,有的可靠主义认为可靠过程是人的官能,有的认为是人的德性(virtue),有的认为是人的品质(trait),但只要有可靠过程这个关键内核存在着,可靠主义及其各类变种都逃不开价值问题的追问。

知识本身的额外价值被可靠过程"淹没"(swamped)了,这就是当代知识论中的价值问题(也被一些哲学家叫做"淹没问题")。

◆ 讨论：你能不能想想这种"淹没现象"究竟是如何产生的呢？（当然，这个问题具有相当的难度。）

It follows that there must be a value in the cause of a true belief that is independent of reliability or truth conduciveness, whether we call it virtue or something else. Suppose we succeed in identifying such a value. Is that sufficient to solve the value problem? Unfortunately, it is not, so long as we think of knowledge as the external product of a good cause. A cup of espresso is not made better by the fact that the machine that produces it is valuable, even when that value is independent of the value of good-tasting espresso. **What the espresso analogy shows is not only that a reliable cause does not confer value on its effect but also that there is a general problem in attributing value to an effect because of its causes, even if the value of the cause is independent of the value of the effect.**

这个世界上思维最讲求严密性和逻辑性的大概除了数学家之外就是哲学家了。扎泽博斯基虽然已经把最核心的价值问题抛了出来，但她发现还需要再做一些细枝末节的补充，以便让整个哲学论证更完美。

前面扎泽博斯基已告知我们，无论过程是否可靠，都不增加真信念的价值。但会不会出现这样的情况，即知识来源本身就特别有价值呢？好比这杯咖啡不仅是可靠的咖啡机制作的，而且还是一部全黄金打造的咖啡机制作的。扎泽博斯基否认这个观点。因为，无论咖啡机如何珍贵，衡量咖啡好坏的标准只有一个——味道。哪怕是黄金咖啡机制作出来的咖啡，只要味道不好，一切皆空。哪怕是北京大学的毕业生，自身能力不行，也没什么大用。道理就这么简单。

◆ 不过，两个一模一样的篮球，一个是我用的，还有一个是篮球巨星姚明用的。它们的价值真的没有区别吗？（这又是个比较难的问题。它牵涉到价值哲学中争议纷纷的外在价值（extrinsic value）概念。）

I am not suggesting that a cause can never confer value on its effect. Sometimes cause and effect have an internal connection, such as that between motive and act, which I shall discuss in a moment. My point is just that the value of a cause does not transfer to its effect automatically, and certainly not on the model of an effect as the output of the cause. So even if the cause of true belief has an independent value, that still does not tell us what makes knowledge better than true belief if knowledge is true belief that is good in some way other than its truth. **The second moral of the value problem, then, is this**: *Truth plus an independently valuable source cannot explain the value of knowledge.*

有时候提出一个好问题,一个有品位(taste)的问题,要比解答这个问题来得更重要。一个人提问题的能力,往往代表了他的学术洞察力、学术品位和趣味。所以,大家平时刷题做练习是不可能真正锻炼你们的学术水平(最多训练了你们脑筋急转弯的水平)。所以,要多向出色的哲学家学习,学习他们如何在没有问题中找到问题,如何在小问题中做大文章。

在熟知中发现真知,在平凡中发现反常,这就是哲学之妙。

From Linda Zagzebski
"The Search for the Source of Epistemic Good" [J]. *Metaphilosophy*, 2003, 34(1-2): 12-28.

哲学家如是说 B 篇

Reliabilism and the Value of Knowledge, Selected

Alvin I. Goldman and Erik J. Olsson

The solution can be illustrated in connection with the espresso example. If a good cup of espresso is produced by a reliable espresso machine, and this machine remains at one's disposal, then the probability that one's next cup of espresso will be good is greater than the probability that the next cup of espresso will be good given that the first good cup was just luckily produced by an unreliable machine. If a reliable coffee machine produces good espresso for you today and remains at your disposal, it can normally produce a good espresso for you tomorrow. The reliable production of one good cup of espresso may or may not stand in the singular – causation relation to any subsequent good cup of espresso. But the reliable production of a good cup of espresso does raise or enhance the probability of a subsequent good cup of espresso. This probability enhancement is a valuable property to have.

The following example shows that reliable production of true belief is no different from reliable production of good espressos when it comes to probability enhancement. Suppose you are driving to Larissa but are at loss as to which turns to take at various crossroads. On the way to Larissa there are two forks. If you choose correctly on both occasions, you will get to Larissa on time. If not, you will be late at best. Your only assistance in forming beliefs about the right ways to turn is the on-board computerized navigation system. We consider two situations differing only in that the navigation system is reliable in Situation1 and unreliable in Situation2. We assume that in both cases the navigation system tells you correctly how to turn at the first crossroads. In the first scenario this is to be expected, because the system is reliable. In the second it happens by chance. Suppose the correct information at the first crossroads is "The best route to Larissa is to the right." Hence in both situations you believe truly that the road to Larissa is to the right (p) after receiving the information. On the simple reliabilist account of knowledge, you have knowledge that p in Situation1 but not in Situation2. This difference also makes Situation1 a more valuable situation (state of affairs) than Situation2. The reason is that the conditional probability of getting the correct information at the second crossroads is greater conditional on the navigation system being reliable than conditional on the navigation system being unreliable. Hence, you are more likely to arrive at Larissa on time if you know in situation 1 than if you merely have true belief in situation 1.

We said that the conditional probability approach by passes the swamping, or double-counting problem. How does this transpire? As presented, the conditional probability approach is silent about the value that attaches to the reliable process *per se* (as opposed to the value that attaches to the state of affairs of knowing). It is equally silent on the legitimacy of *adding* any value that attaches to that process to the value of the true belief in order to obtain a new value that exceeds that of the true belief. It simply doesn't address these issues. Instead, it looks directly at the composite state consisting of knowing (by means of a reliable process or method) and compares its value to the composite state consisting of truly believing (without arriving at that belief by means of a reliable process). The solution contends that, other things being equal, the former composite state has a valuable property that the latter composite state lacks. Moreover, we might remark, the value of this property is not already contained in the value of the true belief that helps constitute the knowledge state. Thus, there is no way for a critic of reliabilism to re-introduce the swamping problem for the conditional probability approach.

Obviously, the extent to which a knowledge state enhances the conditional probability of future true beliefs depends on a number of empirical regularities. One is that people seldom face unique problems. Once you encounter a problem of a certain type, you are likely to encounter a problem of the same type at some later point. Problems that arise just once in a lifetime are relatively rare. In our navigation example, the question of what is the best turn for driving to Larissa occurs more than once. Another observation is that if a particular method successfully solves a problem once, this method is usually available to you the next time around. In our example, you use the navigation system to solve the problem of what road to take at the first crossroads. This method is also available to you when the same question is raised at the second crossroads. A further empirical fact is that, if you have used a given method before and the result has been unobjectionable, you are likely to use it again on a similar occasion, if it is available. Having invoked the navigation system once without any apparent problems, you have reason to believe that it should work again. Hence, you decide to rely on it also at the second crossroads. Finally, if a given method is reliable in one situation, it is likely to be reliable in other similar situations as well. Let us refer to these four empirical regularities as *non-uniqueness*, *cross-temporal access*, *learning*, and *generality*, respectively.

From Goldman A, Olsson E. "Reliabilism and the Value of Knowledge"[J].
Epistemic value, 2009, 14(1): 245-266.

思考题

1. 请用简洁精准的语言重构扎泽博斯基关于知识价值问题的论证。
2. 戈德曼和欧桑为我们提供了一个解决价值问题的思路,即"条件概率方案"(conditional probability)。你能够重构戈德曼和欧桑的论证吗?
3. 条件概率方案有赖于四条经验规律,即非单一性、跨时可行性、学习性、普遍性。你能说说这四条经验规律如何使条件概率方案发挥作用吗?
4. 条件概率方案论证了知识比起真信念具有更高的价值。请问这种价值是何种意义上的价值,是实用价值还是内在价值,抑或其他价值?
5. 条件概率方案一经提出,就受到了许多哲学家的批评。你能否仔细考虑一下,这个方案的致命弱点在什么地方?

6. 其实,戈德曼和欧桑在这篇论文中还提出了一种解决价值问题的方案。有兴趣的同学可以尝试着把全文读完,并思考一下第二种方案的解决策略。

进一步阅读的书目

1. Pritchard D. "Recent Work on Epistemic Value" [J]. *American Philosophical Quarterly*, 2007: 85 - 110.
2. Pritchard D. and Turri J. "The Value of Knowledge", *The Stanford Encyclopedia of Philosophy* (Winter 2012 Edition), Edward N. Zalta (ed.)

  对知识的价值问题感兴趣的同学可以读读以上两篇文章,它们对价值问题进行了非常清晰的梳理。如果想读中文资料的话,可以参考我所写的硕士论文《为什么知识的价值高于真信念?》(华东师范大学哲学系,2014)。现在看来虽然文笔稚嫩、研究浅显,还有各种错误,但对价值问题的介绍不乏真诚。诸位可引之为反面教材,从而使自己懂得一些哲学研究和论文撰写中要避免的问题。

  还有一些比较好的视频资源。台湾东吴大学教授林正弘在他的知识论课程中介绍了知识的价值问题,这在一般的知识论概论课程中比较少见(因为价值问题的提出本身也是近些年的事情)。

第七讲　我们能够知道什么？（上）——怀疑一切

他是谁？

René Descartes was a French philosopher, mathematician, and scientist. Dubbed the father of modern Western philosophy, much of subsequent Western philosophy is a response to his writings, which are studied closely to this day. A native of the Kingdom of France, he spent about 20 years (1629 – 49) of his life in the Dutch Republic after serving for a while in the Dutch States Army of Maurice of Nassau, Prince of Orange and the Stadtholder of the United Provinces. He is generally considered one of the most notable intellectual representatives of the Dutch Golden Age.

Descartes's *Meditations on First Philosophy* continues to be a standard text at most university philosophy departments. Descartes's influence in mathematics is equally apparent; the Cartesian coordinate system was named after him. He is credited as the father of analytical geometry, the bridge between algebra and geometry, used in the discovery of infinitesimal calculus and analysis. Descartes was also one of the key figures in the Scientific Revolution.

Descartes refused to accept the authority of previous philosophers. He frequently set his views apart from those of his predecessors. In the opening section of the *Les passions de l'âme*, a treatise on the early modern version of what are now commonly called emotions, Descartes goes so far as to assert that he will write on this topic "as if no one had written on these matters before". His best known philosophical statement is "*Cogito ergo sum*" (French: *Je pense, donc je suis*; *I think, therefore I am*), found in part IV of *Discours de la méthode* (1637; written in French but with inclusion of "*Cogito ergo sum*") and §7 of part I of *Principles of Philosophy* (1644; written in Latin).

Many elements of his philosophy have precedents in late Aristotelianism, the revived Stoicism of the 16th century, or in earlier philosophers like Augustine. In his natural philosophy, he differed from the schools on two major points: first, he rejected the splitting of corporeal substance into matter and form; second, he rejected any appeal to final ends, divine or natural, in explaining natural phenomena. In his theology, he insists on the absolute freedom of God's act of creation.

From Wikipedia ("Descartes")

哲学家如是说 A 篇

《第一哲学沉思集》
第一个沉思　论可以引起怀疑的事物　选节
笛卡尔(Rene Descartes)

由于很久以来我就感觉到我自从幼年时期起就把一大堆错误的见解当作真实的接受了过来,而从那时以后我根据一些非常靠不住的原则建立起来的东西都不能不是十分可疑、十分不可靠的,因此我认为,如果我想要在科学上建立起某种坚定可靠、经久不变的东西的话,我就非在我有生之日认真地把我历来信以为真的一切见解统统清除出去，再从根本上重新开始不可。可是这个工作规模对我来说好像太大了，因此我一直等待我达到一个十分成熟的年纪，成熟到我不能再希望在这以后还会有更合适于执行这项工作的时候为止，这就使我拖延了如此之久，直到我认为如果再把我的余生不去用来行动，光是考虑来、考虑去的话，那我就铸成大错了。

笛卡尔的《第一哲学沉思集》(*Meditations on First Philosophy*) 是一本了不起的书。因为，它艰难地从中世纪哲学的研究范式中走出来，为现当代的哲学指明了研究的内容、方法和趣味。全书包含了笛卡尔对世界、自我、上帝、真理等主题的六个沉思，虽篇幅不长，但反响巨大，对六个沉思的往复辩难可谓汗牛充栋。如果哲学初学者想读一些和哲学有关的原著，该书是不二之选。

从笛卡尔开始，认识论成为了哲学论辩的核心话题。在第一沉思中，笛卡尔的任务便是要为知识寻找一个坚实的基础。笛卡尔大概是一个完美主义者（古典哲学家大概都有这样的思想倾向），他老是觉得目前人类的知识不可靠。因为，人类常常会把一些靠不住的错误见解当作真实的东西接受，就像儿童经常会犯的错误一样。笛卡尔想要做的一件伟大的工作是把混在知识队伍中的一切错误见解全部排除出去，留下的东西才是人类可以进一步使用和挖掘的真知。

这个问题在笛卡尔年代的思想界是有很强的现实意义的。当时，自然科学逐渐发展起来，但这些知识之间互相矛盾，还不成体系，与之前的神学知识、奇异科学也有诸多相悖之处。到底哪种意见对、哪种意见错，这亟需智者们对之加以澄清。

◆ 讨论：在一辆十八轮卡车的集装箱中装了许多苹果，其中有些烂了。你有什么办法快速地把烂苹果挑出来呢？同理，人类的理智活动包含着一些错误的意见，你有什么办法把它们和知识区别开来呢？

从这里我们也能发现，笛卡尔在书写《沉思集》的过程中扮演的角色是哲学家而不是科学家。因为，笛卡尔并没有对某种具体知识加以研究，而是对知识得以可能的前提进行分析，这是一种对知识的"高阶研究"(higher order)，是对知识的知识加以探讨。高幂性，这是哲学的一个重要特点。

而现在，由于我的精神已经从一切干扰中解放了出来，我又在一种恬静的隐居生活中得到一个稳定的休息，那么我要认真地、自由地来对我的全部旧见解进行一次总的清算。可是，为了达到这个目的，没有必要去证明这些旧见解都是错误的，因为那样一来，我也许就永远达不到目的。不过，理性告诉我说，和我认为显然是错误的东西一样，对于那些不是完全确定无疑的东西也应该不要轻易相信，因此只要我在那些东西里找到哪管是一点点可疑的东西就足以使我把它们全部都抛弃掉。这样一来，就不需要我把它们拿来一个个地检查了，因为那将会是一件没完没了的工作。可是，拆掉基础就必然引起大厦的其余部分随之而倒塌，所以我首先将从我的全部旧见解所根据的那些原则下手。

笛卡尔是个典型的"扶手椅哲学家"（armchair philosopher），据说他每天都要坐在扶手椅上在温暖的壁炉旁睡上十几个小时，即使是清醒之际也喜欢一动不动地在扶手椅上进行哲学思索。

对于这样"标准的"哲学家性格，他绝不会从十八轮卡车的集装箱里一个一个地挑出烂苹果，如果真是如此，笛卡尔定会说："我也许就永远达不到目的。"更何况，那些表面看上去完美的苹果，或许内部却是烂的，这样就更没有办法按照完美主义者的设想完成使命了。

那怎么办呢？笛卡尔告诉我们，索性把这一车的苹果全部倒掉吧，哪怕有一点点可疑的苹果我们全部不要了！我们现在要做的是确定一条把好苹果挑选入库的原则。对于知识亦是如此。目前人类已经有的知识难以指望全部是正确的，因此将所有的知识全部悬置起来，存而不论，直到区分何种知识为真知的第一原则确立之后，再回头审视这些知识，才可能真正完成重建人类知识大厦的可能。

这就是哲学上非常重要的一种思想，即"普遍怀疑"（universal doubt）的出发点。

◆ 讨论：你眼前有一本我写的书。你怎么怀疑这个信念？你正在读眼前的这本书。你怎么怀疑自己的这个行为？

　　直到现在，凡是我当作最真实、最可靠而接受过来的东西，我都是从感官或通过感官得来的。不过，我有时觉得这些感官是骗人的；为了小心谨慎起见，对于一经骗过我们的东西就绝不完全加以信任。

　　普遍怀疑的最基本论证是感官的相对性。谁都有这样的体验，你初见觉得美的事物，定睛再看就觉得一般了；你觉得是红色的东西，在一些色盲眼里又呈现出另一种颜色。官能虽然在一些情况下很可靠，但是只要有出现偏差的可能性（possibility），那么我们就不能够把它当作真知的基石。
　　◆ 讨论：笛卡尔说："为了小心谨慎起见，对于一经骗过我们的东西就绝不完全加以信任。"对怀疑论的当代反驳中，这句话得到了广泛的讨论。你们赞同笛卡尔的上述看法吗？

　　可是，虽然感官有时在不明显和离得很远的东西上骗过我们，但是也许有很多别的东西，虽然我们通过感官认识它们，却没有理由怀疑它们：比如我在这里，坐在炉火旁边，穿着室内长袍，两只手上拿着这张纸，以及诸如此类的事情。我怎么能否认这两只手和这个身体是属于我的呢，除非也许是我和那些疯子相比？

　　笛卡尔认为，仅仅从人的官能角度来进行知识的普遍怀疑是不彻底的。他的理由是，在"不明显和离得很远的东西上"感官骗过我们，但是对于本身就很确切的东西，比如"我有两只手"（可以看看后世哲学家摩尔（G. E. Moore）对笛卡尔针锋相对的批评），似乎就没法轻易地被骗。于是，笛卡尔在下文进一步提出了一个更有普遍性的怀疑论证，史称"梦境论证"（dream skepticism）。

　　那些疯子的大脑让胆汁的黑气扰乱和遮蔽得那么厉害，以致他们尽管很穷却经常以为自己是国王；尽管是一丝不挂，却经常以为自己穿红戴金；或者他们幻想自己是盆子、罐子，或者他们的身子是玻璃的。但是，怎么啦，那是一些疯子，如果我也和他们相比，那么我的荒诞程度也将不会小于他们了。

虽然如此，我在这里必须考虑到我是人，因而我有睡觉和在梦里出现跟疯子们醒着的时候所做的一模一样、有时甚至更加荒唐的事情的习惯。有多少次我夜里梦见我在这个地方，穿着衣服，在炉火旁边，虽然我是一丝不挂地躺在我的被窝里！我现在确实以为我并不是用睡着的眼睛看这张纸，我摇晃着的这个脑袋也并没有发昏，我故意地、自觉地伸出这只手，我感觉到了这只手，而出现在梦里的情况好像并不这么清楚，也不这么明白。但是，仔细想想，我就想起来我时常在睡梦中受过这样的一些假象的欺骗。想到这里，我就明显地看到没有什么确定不移的标记，也没有什么相当可靠的迹象使人能够从这上面清清楚楚地分辨出清醒和睡梦来，这不禁使我大吃一惊，吃惊到几乎能够让我相信我现在是在睡觉的程度。

笛卡尔想起疯子。那人明明是一个疯子，但他总会觉得自己是国王。不过，正常人和疯子的边界大概不那么清楚，笛卡尔让我们警惕："如果我也和他们相比，那么我的荒诞程度也将不会小于他们了。"（疯子的形象也是哲学家们很有兴趣研究的对象。感兴趣的同学可以去图书馆检索一下，看看有哪些哲学家对疯子感兴趣？）

为什么我们和疯子差不多呢？因为我们哪怕有十分健全的理智，但仍旧会做梦，而梦中一切都那么疯狂、大胆、荒谬。引文中笛卡尔所举的例子其实我也感同身受。记得有一天深夜，我迷迷糊糊地在宿舍里徘徊，看着睡在床上的自己……这难道是"灵魂出窍"？不是的，不过是梦到了自己在宿舍看着沉睡的自己。更夸张些，津津有味地读着这本书的你似乎正清醒地学习着各类哲学论证，可是你是否想过，这一切不过是梦中的一个场景。

人生如梦。浸淫于中国文化的人们对生活与梦境的关联太有感悟了。一切都是那么真实、清晰，可又如此易碎、迷离！人生如此，爱情如此，真实又荒诞。《相思河畔》这样唱道：

自从相思河畔见了你／就像那春风吹进心窝里／我要轻轻地告诉你／不要把

我忘记/自从相思河畔别了你/无限的痛苦埋在心窝里/我要轻轻地告诉你/不要把我忘记/秋风无情/为什么吹落了丹枫/青春尚在/为什么会褪了残红/啊/人生本是梦

庄周也启示我们：谁知道蝴蝶变成你，还是你变成蝴蝶呢？谁又知道现实是梦，还是梦是现实呢？

笛卡尔用学院哲学的逻辑分析，也阐明了同样的道理，知识很可能受制于梦的虚假情况。

◆ 讨论：梦的怀疑论是否是彻底的？为什么？

那么让我们现在就假定我们是睡着了，假定所有这些个别情况，比如我们睁开眼睛，我们摇晃脑袋，我们伸手，等等，都不过是一些虚幻的假象；让我们就设想我们的手以及整个身体也许不是像我们看到的这样。尽管如此，至少必须承认出现在我们的梦里的那些东西就像图书一样，它们只有摹仿某种真实的东西才能做成，因此，至少那些一般的东西，比如眼睛、脑袋、手，以及身体的其余部分并不是想象出来的东西，而是真的、存在的东西。因为，老实说，当画家们用最大的技巧，奇形怪状地画出人鱼和人羊的时候，他们也究竟不能给它们加上完全新奇的形状和性质，他们不过是把不同动物的肢体掺杂拼凑起来；或者就算他们的想象力达到了相当荒诞的程度，足以捏造出来什么新奇的东西，新奇到使我们连类似的东西都没有看见过，从而他们的作品给我们表现出一种纯粹出于虚构和绝对不真实的东西来，不过至少构成这种东西的颜色总应该是真实的吧。

同样道理，就算这些一般的东西，例如眼睛、脑袋、手以及诸如此类的东西都是幻想出来的，可是总得承认有更简单、更一般的东西是真实的、存在的，由于这些东西的掺杂，不多不少正像某些真实的颜色掺杂起来一样，就形成了存在于我们思维中的东西的一切形象，不管这些东西是真的、实在的也罢，还是虚构的、奇形怪状的也罢。一般的物体性质和它的广延，以及具有广延性东西的形状、量或大小和数目都属于这一类东西；还有这些东西所处的地点，所占的时间，以及诸如此类的东西。

这就是为什么我们从以上所说的这些将做出这样的结论也许是不会错的：物理学、天文学、医学以及研究各种复合事物的其他一切科学都是可疑的、靠不住的；而算学、几何学以及类似这样性质的其他科学，由于他们所对待的都不过是一些非常简单、非常一般的东西，不大考虑这些东西是否存在于自然界中，因而却都含有某种确定无疑的东西。因为，不管我醒着还是睡着，二和三加在一起总是形成五的数目，正方形总不会有四个以上的边；像这样明显的一些真理，看来不会让人怀疑有什么错误或者不可靠的可能。

梦的怀疑论还不彻底吗？你看，我们可以在梦中幻想自己是国王，幻想不存在的怪兽，幻想一个哲学课课堂……但是，笛卡尔指出，人类在梦中再奇特、再荒诞的想象仍是对某些预设概念的组合和抽离。比如，我们幻想的飞马，无非是把现实中存在的马和飞行的性质拼贴到了一起，飞马的想象本身预设了我们对马和飞行的确认（这使我想起当代哲学家维特根斯坦（Ludwig Wittgenstein）对于人的"生活形式"的观点、内格尔（Thomas Nagel）关于"感受质"（qualia）的讨论。人类最奇葩的想象也不过是人类的想象，我们真的能够了解外星人或一只蚂蚁的世界吗？顺便说一句，对这个问题如果感兴趣，不妨读读斯塔尼斯瓦夫·莱姆（Stanis Lem）写的科幻小说《索拉瑞斯星》（Solaris））。

再比如，不管梦境如何奇特，梦里总离不开事物的存在。而不管事物的外观如何，它们根本的属性总是预先设定好的，即广延性（就是有长宽高三维）；数学和几何学的基本性质似乎也是预设的存在。因此，笛卡尔认为，虽然梦境的怀疑可以将怀疑的覆盖面扩大，但那些最基本的性质、最明显的知识仍旧是无法被怀疑的。梦的怀疑论可以打倒物理学、天文学、医学知识，却没有办法击败算学、几何学、形而上学知识。

◆ 你能构想一个更为彻底的怀疑论证明吗？不少好莱坞电影从笛卡尔最激进的怀疑论中汲取了灵感。这也是下一讲的主要内容。

摘自笛卡尔著，庞景仁译.第一哲学沉思集［M］.北京：商务印书馆，1986.

哲学家如是说 B 篇

《毕洛主义概略》

"阿格里帕的五个论证"选节

恩披里柯（Sextus Empiricus）

较晚的怀疑论者留下了五个可导致推脱境界的论证。它们第一个以观点的分歧为根据,第二个以无穷后退为根据,第三个以相对性为根据,第四个以假设为根据,第五个以循环论证为根据。基于观点分歧的论证引导我们发现,显现出来的现象无论在普通人之间还是在哲学家之间都会引起难以解决的分歧。因为这样,所以我们既不能作出一个肯定判断,也不能作出一个否定判断,只好悬而不决,保留意见。基于无穷后远的论证使得我们借此断定,用来证明一个所研究事物的证据自身也是需要进一步证明的,而这个证明又需要更进一步的证明,这样下去,直至无穷。因为我们不可能拥有一个可作为论证起点的根据,所以只好对事物保留意见,不做判断。基于相对性的论证,像我们以前所说过的那样,也就是,只有在和判断主体及其伴随的知觉相关联中,一个对象才能具有这样或那样的现象,但它的本性是什么,我们却无法做出判断。基于假设的论证是指当独断论者迫于无穷后退的困境时,便把某个事物当作出发点。这个作为出发点的事物则不是通过论证建立的,而是他们简单地不通过任何证明而武断地确立的。循环论证的论证是指,应该用来证明所研究对象的事物自身却要求对象来证实。这种情况下,在两个命题中,我们既不能肯定这个证明那个,也不能肯定那个命题证明这个,所以对两者只好都加以推脱。

选自恩披里柯《毕洛主义概略》I. 15

转引自苗力田主编. 古希腊哲学［M］. 北京：中国人民大学出版社,1989

《名哲言行录》

"爱那西德穆的十个论证"选节

拉尔修（Diogenes Laertius）

第一个论证<u>关于各种动物对给它们以快乐或痛苦、有用于或有害于它们的事物的不同反应</u>。由此可以推出，它们并不从同样的事物中获得同样的印象。由于这种分歧，所以就要推脱任何判断。

第二个论证<u>涉及人的本性和特质</u>。……同样的生活方式对一个人有害，可对另一个人却有益。由此可得，判断必须免作。

第三个论证是<u>关于感官通道之间的差异</u>。例如，一个苹果用眼睛看其颜色是浅黄色的，用嘴尝其味道是甜的，用鼻子嗅其气味是香的。同一形状的物体在不同的镜子中其形状显得颇不相同。由此可得，所呈现的事物并不比不同的事物更是这个事物。

第四个论证是<u>关于状态差异和一般变化的</u>。由于状态不同，所获得的印象也就多种多样。

第五个论证<u>涉及习俗、法律、传说信仰、国家之间的条约及各种独断学说</u>。这一类包括对美的和丑的、真的和假的、善的和恶的事物、对神以及对现象世界的产生和消灭的认识。很显然，对同一件事情，有些人认为是正义的，而另一些人则认为是不义的。有些人认为是善的，而另一些人却认为是恶的。

第六个论证是<u>关于事物之间的混合和分有</u>。因为事物之间都是互相混合的，所以没有什么东西是纯粹的自身。而总是与空气、光线、潮湿、干燥、热、冷、运动、蒸发以及其他力量相联系。

第七个论证是<u>关于距离、位置、地点及地点的占据者的</u>。因此，离开地点和位置要认识这些事物是不可能的。它们的本性是不可知的。

第八个论证是<u>关于事物的质和量的</u>。如热或冷、快或慢、有色彩或无色彩、适量饮酒可增强体质，而饮酒过度则会伤害身体。食物和其他东西也是这样。

第九个论证是关于常见、奇特或罕见的。对经常碰到地震的人来说,地震平淡无奇。天天可以看到太阳也觉得它不足为奇。

第十个论证是关于互相联系的,即轻和重、强与弱、大与小、上与下之间的关联。所有的事物都与我们的心灵相关联。相对的东西自身是不可知的。

选自拉尔修《名哲言行录》II. 79 - 87.

转引自苗力田主编. 古希腊哲学[M]. 北京:中国人民大学出版社,1989

◆ ◆ ◆

齐物论　选节
庄　子

罔两问景曰:"曩子行,今子止;曩子坐,今子起。何其无特操与?"景曰:"吾有待而然者邪? 吾所待又有待而然者邪? 吾待蛇蚹蜩翼邪? 恶识所以然? 恶识所以不然?"

昔者庄周梦为胡蝶,栩栩然胡蝶也。自喻适志与! 不知周也。俄然觉,则蘧蘧然周也。不知周之梦为胡蝶与? 胡蝶之梦为周与? 周与胡蝶则必有分矣。此之谓物化。

庄子今注今译(修订版)[M]. 上海:商务印书馆,2007.

思考题

1. 笛卡尔的怀疑论是一种现代怀疑论。而在古代典籍中,中西先贤也都曾提出过一些与笛卡尔式怀疑论不同旨趣和论证手段的古代怀疑论。请观察爱那西德穆的十个怀疑论论证和庄子"庄周梦蝶"的寓言。思考这些论证是从哪些角度来"悬置"知识的？与笛卡尔的怀疑论相比较，有何异同？

2. 在认识论中，阿格里帕(Agrippa)的五个认知悖论受到了极大的关注。当代世界级的知识论者索萨(Ernest Sosa)以此为切入口，专门探讨了"认知循环"(epistemic circle)的问题。请尤其关注阿格里帕的第二、第四和第五论证，并试着用当代知识论的术语，重构这个思想。并且，把它和笛卡尔的怀疑论进行比较。

3. 如果怀疑论正确，那么我们不能知道任何东西。你们可以试着想些办法来抵御怀疑论。

进一步阅读的书目

1. 徐向东.怀疑论、知识与辩护[M].北京：北京大学出版社,2006.

　　这是一本以怀疑论为线索，系统介绍知识论各派理论及其分歧的书。全书内容丰富、论证严谨，入门者能够学到不少东西，就算是有一定哲学水平的人也可以从中获益。

2. 笛卡尔著,庞景仁译.第一哲学沉思集[M].北京：商务印书馆,1986.

　　笛卡尔被誉为"现代哲学之父"，《第一哲学沉思集》乃现代哲学书写的典范。你们可以读读那六个不算很长的沉思，大概两三天就能读完。如果还有兴趣，可以试着阅读当时哲学家与笛卡尔就六个沉思正确性的往复辩难。

　　真理越辩越明。

第八讲 我们能够知道什么？（下）——邪恶精灵

知识窗

Descartes and his *Meditations on First Philosophy*

Meditations on First Philosophy (*subtitled in which the existence of God and the immortality of the soul are demonstrated*) is a philosophical treatise by René Descartes first published in 1641 (in Latin). The French translation (by the Duke of Luynes with Descartes' supervision) was published in 1647 as *Méditations Métaphysiques*. The original Latin title is *Meditationes de prima philosophia, in qua Dei existentia et animæ immortalitas demonstratur*. The title may contain a misreading by the printer, mistaking *animae immortalitas* for *animae immaterialitas*, as suspected already by A. Baillet.

The book is made up of six *meditations*, in which Descartes first discards all belief in things that are not absolutely certain, and then tries to establish what can be known for sure. He wrote the meditations as if he had meditated for six days: each meditation refers to the last one as "yesterday" (In fact, Descartes began work on the *Meditations* in 1639.) One of the most influential philosophical texts ever written, it is widely read to this day.

The *Meditations* consist of the presentation of Descartes' metaphysical system in its most detailed level and in the expanding of Descartes' philosophical system, which he first introduced in the fourth part of his *Discourse on Method* (1637). Descartes' metaphysical thought is also found in the *Principles of Philosophy* (1644), which the author intended to be a philosophy guidebook.

From Wikipedia("Meditations on First Philosophy")

哲学家如是说 A 篇

《第一哲学沉思集》
第一个沉思　论可以引起怀疑的事物　选节
笛卡尔(Rene Descartes)

虽然如此,自从很久以来我心里就有某一种想法:有一个上帝,他是全能的,就是由他把我像我现在这个样子创造和产生出来的。可是,谁能向我保证这个上帝没有这样做过,即本来就没有地,没有天,没有带有广延性的物体,没有形状,没有大小,没有地点,而我却偏偏具有这一切东西的感觉,并且所有这些都无非是像我所看见的那个样子存在着的? 还有,和我有时断定别的人们甚至在他们以为知道得最准确的事情上弄错一样,也可能是上帝有意让我每次在二加三上,或者在数一个正方形的边上,或者在判断什么更容易的东西(如果人们可以想出来比这更容易的东西的话)上弄错。但是也许上帝并没有故意让我弄出这样的差错,因为他被人说成是至善的。尽管如此,如果说把我做成这样,让我总是弄错,这是和他的善良性相抵触的话,那么容许我有时弄错好像也是和他的善良性绝对相反的,因而我不能怀疑他会容许我这样做。

◆ 请复述笛卡尔的"普遍怀疑"思想,并且说说普遍怀疑的目的是什么?

◆ 请你重构笛卡尔在第一个沉思中到目前为止的怀疑论论证，并且评价每个论证的怀疑限度。

在上一讲中，我们跟随笛卡尔的思索，介绍了笛卡尔的两个怀疑论论证，即官能论证和梦境论证。这两个论证一个比一个彻底，但仍旧没有达到笛卡尔在第一沉思之初所希望达到的普遍怀疑的地步。在第一沉思的下半部分，笛卡尔进一步发展了他的怀疑论思想，提出了一个举世皆惊的怀疑论的论证，这个论证是什么呢？

在此之前，笛卡尔讨论了一个特殊信念和知识的来源（source），即上帝。笛卡尔承认，对于一般人（当然是指生活在当时基督教世界观下的西方人）心目当中都有清晰的上帝观念。上帝在某种程度上担保了知识的正确性。因为，上帝是全知（omniscient）、全能（omnipotent）、全善（omnibenevolent）的东西（顺便说一句，不少哲学家认为上帝的全知、全能、全善在逻辑上是不能同时成立的。这构成了神哲学的重要话题）。在梦境论证中，笛卡尔认为之所以梦境不能击败类似广延性、基本数学运算等信念的原因在于，它们皆由上帝的全知、全能、全善在背后做担保——我们不可能想象上帝会欺骗我们，或者上帝会把这些东西弄错。所以，只要有上帝在，一切都是不会出错的。

知识的来源到底是什么呢？这个问题也是当代知识论研究的一个领域。

这里也许有人宁愿否认一个如此强大的上帝的存在而不去相信其他一切事物都是不可靠的。不过我们目前还不要去反对他们，还要站在他们的方面去假定在这里所说的凡是关于一个上帝的话都是无稽之谈。尽管如此，无论他们把我所具有的状况和存在做怎样的假定，他们把这归之于某种命运或宿命也罢，或者归之于偶然也罢，或者把这当作事物的一种连续和结合也罢，既然失误和弄错是一种不完满，那么肯定的是，他们给我的来源所指定的作者越是无能，我就越可能是不完满以致我总是弄错。对于这样的一些理由，我当然无可答辩；但是我不得不承认，凡是我早先信以为真的见解，没有一个是我现在不能怀疑的，这绝不是由于考虑不周或轻率的缘故，而是由于强有力的、经过深思熟虑的理由。

然而，问题就在于，万一人们关于上帝的信念都被怀疑了怎么办？

笛卡尔的这个问题不可谓不惊世骇俗。有许多哲学评论者认为，说笛卡尔是现代哲学之父貌似有点言过其实。因为，笛卡尔研究的问题和方法很大程度上仍旧局限在经院哲学内部，你们继续读这部《第一哲学沉思集》也会发现，后面的沉思也会讨论上帝的存在论证明之类的话题。那为什么要把它定性为近代哲学的开端呢？

我想，笛卡尔最重要的一个运思特点就在于上帝并不是他哲学的出发点，反而怀疑上帝成为了重要的思想源头。要注意，笛卡尔要完成普遍怀疑，因而中世纪留下的诸多神学知识也是需要被怀疑的，而在这林林总总的神学知识中，最重要的一条知识无非是"有个上帝"。现在，笛卡尔连上帝的知识都要存而不论，这可真是伟大的思想壮举。

如果担保知识可靠性来源的上帝都不能保证有没有，那这个怀疑真的很极端了。

因此，假如我想要在科学上找到什么经久不变的、确然可信的东西的话，我今后就必须对这些思想不去下判断，跟我对一眼就看出是错误的东西一样，不对它们加以更多的信任。

但是，仅仅做了这些注意还不够，我还必须当心把这些注意记住；因为这些旧的、平常的见解经常回到我的思维中来，它们跟我相处的长时期的亲熟习惯给了它们权利，让它们不由我的意愿而占据了我的心，差不多成了支配我的信念的主人。只要我把它们按照它们的实际情况那样来加以考虑，即像我刚才指出的那样，它们在某种方式上是可疑的，然而却是十分可能的，因而人们有更多的理由去相信它们而不去否认它们，那么我就永远不能把承认和信任它们的习惯破除。

笛卡尔在此重复了他普遍怀疑的一个原则："它们在某种方式上是可疑的，然而却是十分可能的，因而人们有更多的理由去相信它们而不去否认它们，那么我就永远不能把承认和信任它们的习惯破除。"换言之，只要它们存在着哪怕一丝一毫的不可靠，那么就真的有可能不可靠，就要被剔除。笛卡尔想表达的意思是，看吧，上帝等信念其实我也知道是挺对的，我可不想和大家对着干，不过这些信念也还是有可能不对的呀，所以我们需要怀疑一下。可见，笛卡尔是一位既有着探究世界、寻根问底的理想气质的哲学家，同时又保持着健全的现实感。诸位可以把笛卡尔和古代怀疑论的集大成者皮浪（Pyrron）做个比较。皮浪也曾怀疑事物的存在，以至于他看到一辆马车向他驶来时还不觉得马车存在，于是被撞个正着。皮浪是真正把理论作为生活方式的人，理论和疯狂须臾不可离。

◆ 正如上一讲提示的那样，这条原则也是今天批评怀疑论的一个重要攻击靶子。有兴趣的同学可以围绕这个原则，考虑一下走出怀疑论的可能路径。

就是因为这个缘故，我想，如果我反过来千方百计地来骗我自己，假装所有这些见解都是错误的，幻想出来的，直到在把我的这些成见反复加以衡量之后，使它们不致让我的主意偏向这一边或那一边，使我的判断今后不致为坏习惯所左右，不致舍弃可以导向认识真理的正路反而误入歧途，那我就做得更加慎重了。因为我确实相信在这条路上既不能有危险，也不能有错误，确实相信我今天不能容许我有太多的不信任，因为现在的问题还不在于行动，而仅仅在于沉思和认识。

因此我要假定有某一个妖怪，而不是一个真正的上帝（他是至上的真理源泉），这个妖怪的狡诈和欺骗手段不亚于他本领的强大，他用尽了他的机智来骗我。我要认为天、空气、地、颜色、形状、声音以及我们所看到的一切外界事物都不过是他用来骗取我轻信的一些假象和骗局。我要把我自己看成是本来就没有手，没有眼睛，没有肉，没有血，什么感官都没有，而却错误地相信我有这些东西。我要坚决地保持这种想法；如果用这个办法我还认识不了什么真理，那么至少我有能力不去下判断。就是因为这个缘故，我要小心从事，不去相信任何错误的东西，并且使我在精神上做好准备去对付这个大骗子的一切狡诈手段，让他永远没有可能强加给我任何东西，不管他多么强大，多么狡诈。

"邪恶的精灵"（evil demon）是笛卡尔伟大的哲学创造，他为后来一类怀疑论的讨论设定了议事日程。笛卡尔设想了一个和上帝相反的精灵，他全知全能但全恶，他用其无所不能的法力彻底欺骗世人关于这个世界的一切。比如，我明明看到了眼前春意盎然的景象，但其实世界是原始的荒芜——邪恶的精灵涵盖了官能论证；你明明躺在华东师大二附中的学生宿舍，随手翻阅着这本由我编写的内容古怪、错误百出的书，但其实你就是这本书的作者——邪恶的精灵亦涵盖了梦境论证；你深知世界是存在的、2+3=5、有个上帝等，可是这一切无非是法力无边的邪恶精灵撒的弥天大谎——邪恶精灵完成了最彻底的怀疑。

美国哲学家普特南（Hilary Putnam）把邪恶的精灵说得更符合现代科学，他提出了"缸中之脑"（Brain in a vat；即所谓的 BIV 论题）的思想实验。许多科学实验的证据表明，人的心智活动大致上可以还原为脑电活动（有兴趣的同学可以读读心智哲学里关于心与脑之间关系的讨论），于是一位邪恶的科学天才把一个人的大脑取了出来，放在营养液中培养，并用外部的电击刺激大脑神经元，让它产生关于外部世界的一切知识：在这春光明媚的早晨，世界虽然战争不断，但我平静地坐在学校的小池塘边，脑海中回忆着昨天的哲学课，不住感慨：哦，哲学史真是一部关于人类杰出心灵的史诗！

这位邪恶的精灵和缸中的大脑光看名字就觉得酷，再读内容更觉精妙刺激，颇有好莱坞之感！不错，有不少好莱坞电影也以此为题，比如著名的《骇客帝国》（*Matrix*）就把它作为主题。

更要紧的是，这些思想实验已经从电影和科幻一步步向最真实的世界走来。随着人类虚拟现实（virtual reality）和增强现实（augmented reality）技术的出现，这一切貌似都在变为现实。明明你居住在一套 3 平方米的房间内，但是通过某项技术（不久前我看到报道，这种技术已经试验成功了），你会觉得自己住在一套 200 平方米的豪华公寓中——其实你只是戴着 VR 眼镜绕圈。并且，万一你还是自打出生那天起就被戴上这副眼镜……

◆ 你有什么办法证明自己没有被邪恶的精灵所欺骗，或者证明我不是缸中之脑？这是一个极富挑战性的问题，事实上，今天一大批最杰出的哲学家仍旧对此津津乐道。

可是这个打算是非常艰苦吃力的,而且由于某一种惰性使我不知不觉地又回到我日常的生活方式中来。就像一个奴隶在睡梦中享受一种虚构的自由,当他开始怀疑他的自由不过是一场黄粱美梦而害怕醒来时,他就和这些愉快的幻象串通起来,以便得以长时间地受骗一样,我自己也不知不觉地重新掉进我的旧见解中去,我害怕从这种迷迷糊糊的状态中清醒过来,害怕在这个休息的恬静之后随之而来的辛勤工作不但不会在认识真理上给我带来什么光明,反而连刚刚在这些难题上搅动起来的一切乌云都无法使之晴朗起来。

◆ 回到笛卡尔,真的什么信念都逃不过邪恶精灵的入侵吗?

笛卡尔对世界普遍怀疑(doubt)的最终目的是为了找到一个坚实可靠的"阿基米德点",使人们得以重新相信(believe)这个世界。那么这个"阿基米德点"是什么呢? 连上帝都可以被怀疑,还有什么是不可以被怀疑的呢?

笛卡尔发现,在邪恶精灵论证中什么都可以被怀疑,但唯独"我存在"是不容怀疑的。为什么呢? 因为邪恶的精灵如果要欺骗你,那先要存在一个你,他才有可能进行下一步的欺骗。你要进行普遍怀疑,你什么都可以去怀疑,但你总得承认,正是你在做着怀疑这件事。"Cogito, ergo sum."("我思故我在。")笛卡尔这个脍炙人口的哲学命题深刻地告诉大家:思的行动内在地蕴含着存在。"我"是这个世界的"阿基米德点"。

◆ 从普遍怀疑出发,笛卡尔构建了官能论证、梦境论证、邪恶精灵论证,最终得出了"我"是存在着的。那么接下来,笛卡尔是如何进一步论证,来说明这个外部世界知识的可靠性的呢? 请有兴趣的同学继续阅读笛卡尔的第二沉思来寻找答案。

摘自笛卡尔著,庞景仁译. 第一哲学沉思集[M]. 北京:商务印书馆,1986.

Contemporary Skepticism, Selected

The Skeptical Paradox in Contemporary Debate

Duncan Pritchard

Contemporary discussion of the problem of the radical skepticism has tended to focus on a formulation of that problem in terms of *a paradox* consisting of the joint incompatibility of three claims, each of which appears, on the surface of things and taken individually, to be perfectly in order. Roughly, they are as follows.

First, that we are unable to know that any one of a number of skeptical hypotheses are false, where a skeptical hypothesis is understood as a scenario that is subjectively indistinguishable from what one takes normal circumstances to be but which, if true, would undermine most of the knowledge that one ascribes to oneself. A standard example of a skeptical hypothesis is the so-called 'brain-in-a-vat' (BIV) hypothesis that one is being 'fed' one's experiences by computers. If this were true, then most of what one believes about the world would be false (or, at the very least, true in a different way from how one would expect), and thus one would lack knowledge. Moreover, this scenario is characterised such that there would be no perceptible difference between being a BIV and having the non-BIV experiences one currently takes oneself to be experiencing and thus, plausibly, it does not seem to be a scenario that we could ever know to be false. We thus get our first 'intuitive' element of the skeptical paradox:

I. I am unable to know the denials of skeptical hypotheses.

The second 'intuitive' claim about knowledge that the skeptic employs is the following:

II. If I do not know the denials of skeptical hypotheses, then I do not know very much.

What motivates this claim is the compelling thought that unless one can rule -
out the kind of error - possibilities at issue in skeptical hypotheses by knowing them to be false, then this suffices to undermine most (if not all) of the knowledge that one traditionally ascribes to oneself. After all, if I were a BIV, then I wouldn't be sitting here now. Hence, if, for all I know, I could be a BIV, surely it must follow that I do not know that I am sitting here now (and much more besides)?

Finally, there is the third element of the skeptical paradox that creates the required overall philosophical tension. This is the highly plausible claim that we do know a great deal of what we think we know:

III. A lot of what I believe, I know.

Of course, there may be lots of abstract and technical kinds of knowledge which I think I have but actually lack, but the point of this intuition is that many of the 'ordinary' propositions that I believe (such as that I am sitting here now) do seem to be the kinds of propositions that I could not plausibly be wrong about in a wholesale fashion. With these three claims in place, however, the puzzle becomes obvious. For if I cannot know the denials of skeptical hypotheses, and if this lack of knowledge entails that I lack knowledge of most of what I believe, it follows that I must lack knowledge of most of what I believe. Hence, one cannot accept all of these three claims; one of them must go.

The skeptic offers a very simple way out of this puzzle, which is to deny, on the basis of I and II, that we ever have knowledge of the kind of ordinary propositions at issue in III. That is, the skeptic argues as follows:

(S1) I am unable to know the denials of skeptical hypotheses.

(S2) If I do not know the denials of skeptical hypotheses, then I do not know very much.

Hence:

(SC) I do not know very much.

For example, a skeptical argument which employed the BIV skeptical hypothesis might well run as follows:

(S1*) I am unable to know that I am not a BIV.

(S2*) If I do not know that I am not a BIV, then I do not know very much.

Hence:

(SC*) I do not know very much,

Clearly, however, this radical skeptical suggestion regarding how we should respond to these three incompatible claims is less of a proposal than a *reductio* of epistemological theorising. This conclusion is, after all, intellectually devastating, consigning our cognitive activities to, at best, a kind of bad faith. We would thus be wise to look closely at the anti-skeptical alternatives before we accept this (paradoxical) response to the skeptical paradox.

If we are to evade skepticism, we are thus going to have to motivate one (or more) of the following three claims. First, that, despite appearances, we do (or at least can) know the denials of radical skeptical hypotheses after all. Second, that, despite appearances, it does not follow from the fact that we lack knowledge of the denials of radical skeptical hypotheses that we thereby lack knowledge of ordinary propositions as well. Third, that, despite appearances, these three claims are consistent after all.

From Duncan Prtichard. "Contemporary Skepticism".

From Internet Encyclopedia of Philosophy

思考题

1. 普瑞查德(Duncan Pritchard)是英国爱丁堡大学哲学系的教授,是当代有比较大影响力的知识论研究者。他精准地将笛卡尔式的极端怀疑论归结为三元悖论。你能说说怀疑论是哪三个条件之间产生了不协调吗?

2. 在怀疑论的三元悖论中,最关键的条件莫过于"怀疑假设"(skeptical hypotheses)。什么是怀疑假设? 你能否给出一些怀疑假设的例子?

3. 是否有必要提出类似的怀疑假设呢? 你能否设想一些场景来表明:虽然我们不能拒斥怀疑假设,但至少可以说,它是没有必要考虑的?

4. 细心的同学已经发现了,笛卡尔式怀疑论其实就是一个蕴含式(Modus ponens),即$[(P{\to}Q)\cup P]\to Q$。在前几讲中我们说过,把蕴含式放到认识论中就叫做认知闭合原则(epistemic closure)。因此,批评认知闭合原则乃是解决怀疑论问题的一条出路。有兴趣的同学可以去图书馆查阅资料,继续研究认知闭合相关问题。

进一步阅读的书目

1. G. E. Moore. "Proof of an External World". *Philosophical Papers*. George Allen & Unwin Ltd. 1959.

    大哲学家摩尔(G. E. Moore)曾经做过一次名为"外部世界存在的证明"的演讲。在演讲中,他举起左右手,并告诉大家,这就是外部世界存在的证据。摩尔这个证明是什么意思呢? 可以读读这个演讲。

2. Duncan Prtichard. "Contemporary Skepticism". From Internet Encyclopedia of

Philosophy.

限于篇幅,哲学家如是说 B 篇仅仅摘录了普瑞查德在网络哲学百科上怀疑论词条的一小部分。如果想更全面地了解怀疑论的来龙去脉,不妨再继续深入读一些内容。

3. G.哈特费尔德. 笛卡尔与第一哲学的沉思[M]. 桂林:广西师范大学出版社,2007.

如果想对笛卡尔的名作《第一哲学沉思集》有更深入的理解,可以阅读这本由北京大学尚新建教授翻译的评述著作。

第九讲　死去何以不幸？（上）——时间不对称性

知识窗

What is this thing called Ethics?

ETHICS or moral philosophy is a branch of philosophy that involves systematizing, defending, and recommending concepts of right and wrong conduct. The term *ethics* derives from Ancient Greek ἠθικός (*ethikos*), from ἠθος (*ethos*), meaning 'habit, custom'. The field of ethics, along with aesthetics concear matters of value, and thus comprise the branch of philosophy called axiology.

Ethics seeks to resolve questions of human morality by defining concepts such as good and evil, right and wrong, virtue and vice, justice and crime. As a field of intellectual enquiry, moral philosophy also is related to the fields of moral psychology, descriptive ethics, and value theory.

Three major areas of study within ethics recognized today are:

1. Meta - ethics, concerning the theoretical meaning and reference of moral propositions, and how their truth values (if any) can be determined

2. Normative ethics, concerning the practical means of determining a moral course of action

3. Applied ethics, concerning what a person is obligated (or permitted) to do in a specific situation or a particular domain of action

From Wikipedia ("Ethics")

哲学家如是说 A 篇

Why Is Death Bad? Selected

A. L. Brueckner and J. M. Fischer

It seems that, whereas a person's death needn't be a bad thing for him, *it can* be. In some circumstances, death isn't a "bad thing" or an "evil" for a person. For instance, if a person has a terminal and very painful disease, he might rationally regard his own death as a good thing for him, or at least, he may regard it as something whose prospective occurrence shouldn't be regretted. But the attitude of a "normal" and healthy human being — adult or child — toward the prospect of his death is different; it is *not* unreasonable in certain cases to regard one's own death as a bad thing for oneself. If this is so, then the question arises as to *why* death is bad, in those cases in which it is bad.

生与死,或许是人生最大的问题了吧! 记得我自己还是高中生的时候,这些问题曾经深深困扰着我。我当时以为自己是异类——子曰:"不知生焉知死",关心这些无用之事能有什么意义呢? ——直到后来,当我成为了一名研究生,和周围同学聊起人生哲学时,才发现这些问题原来在高中时期也同样在他们年轻的心灵里思索过。一个人的生命在青春期绽放出来,伴随而来的还有无限的困惑:人生有什么意义呢? 死去意味着什么呢?

在哲学中有一个分支专门讨论这类问题,这就是哲学中的伦理学(ethics)或道德哲学(philosophy of morality)。除了人生与死亡、幸福与不幸(good or bad),伦理学还讨论行动(action)的正当性(rightness)、责任和义务(rights and duty)、正义与公平等话题。

这一讲的内容就与生死意义有关。这是一篇用分析哲学的方法讨论人生价值的趣文。它从一个基本符合人类的直觉出发,逐步向我们展现了应该如何审视人生、人生意义之所在。

大概没有人会否认:死去对于一个正常的人来说,很有可能是一件不幸之事。然而,诚如黑格尔所言:熟知非真知。死去为何是不幸的,其原因何在呢?这个问题不思考没问题,一思考全是问题。

这个问题出在哪里呢?

⋯⋯⋯

Death could then be an *experiential blank* and still be a bad thing for an individual. And one plausible explanation of why this is so is that death (though an experiential blank) is a *deprivation* of the good things of life. That is, when life is, on balance, good, then death is bad insofar as it robs one of this good; if one had died later than one actually did, then one would have had more of the good things in life. This is the sort of explanation of death's badness which is adopted by Thomas Nagel.

分析哲学的处事风格十分严谨细致(有心的读者大概注意到本书的撰写风格也基本上是分析的),在讨论一切问题之初,首先要搞清楚自己到底在讨论什么。这次我们研究死亡,那么死亡究竟是什么呢?一种解释告诉我们,死亡是通向另一个世界的大门,比如2017年底流行的皮克斯动画片《寻梦环游记》(*Coco*)就借用了墨西哥传统文化对于死亡的理解构建了电影的世界观。这种认为存在生后世界的死亡观基本来自于宗教或前现代的观点。

B&F(Brueckner and Fischer)不想采用这类关于死亡的看法。他们提出了一种具备健全常识感和有现代科学知识作支撑的死亡观,即死去就是一种剥夺(deprivation),哲学家称之为"死亡剥夺说"。这种死亡观其实我们每个人都有,也很常见。它是说,死去就是把生的经验剥夺了,也就意味着死去就是一片经验空白的状态,这类似于无梦、无意识的睡眠。当代人基本上都是这样思考死亡的,死去的不幸就在于完全抹去了关于生的喜乐的全部经验!

◆ "死亡剥夺说"在死去不幸问题上的解释力如何?

But a problem emerges. We intuitively think that it is appropriate to have *asymmetric* attitudes toward prenatal nonexistence and death. We think that it is reasonable to regard death as a bad thing in a way in which prenatal nonexistence is not. If death involves bad experiences in an afterlife, then this asymmetry could be explained. But we are assuming here that death's badness is *not* experienced as bad by the individual who dies. If this is so, how can we explain the intuitive asymmetry between prenatal and posthumous nonexistence? Both periods are, after all, experiential blanks. And it seems that prenatal nonexistence constitutes a deprivation in a sense analogous to that in which death is a deprivation: if a person had been born earlier than he actually was born, then he would have had more of the good things in life. (When it is supposed that one is born earlier here, we hold fixed the date of one's death. Similarly, when it is supposed above that one dies later, we hold fixed the date of one's birth.) Being born at the time at which one was born (rather than earlier) is a deprivation in the same sense as dying at the time when one dies (rather than later). Both Epicurus and Lucretius argued that our ordinary asymmetric attitudes are irrational and since we don't regret prenatal nonexistence, we ought not regard death as a bad thing. If death is a bad insofar as it is a deprivation, the challenge posed by Epicurus and Lucretius is pressing: why should we treat prenatal and posthumous nonexistence asymmetrically?

◆ 请你们重构"死亡剥夺说"在解释死去不幸观点时遇到的问题。

关于死亡,岂止是困扰着现代人,早在古希腊就有一大批爱智者反复思索着这个深刻的问题。古希腊人是一批极其聪明而又敏感的人,面对死亡和未知,他们不禁感到恐惧和颤栗。不过,古希腊又有乐天的逻辑、强大的理性。哲学家伊壁鸠鲁用哲学为古希腊人壮胆,他建构了两个论证,试图说服古希腊人不要畏惧死亡。第一个论证说的是:人要么活着,要么死了。活着的时候,还没有死,所以不会因死而感到痛苦;死后自己就什么都不知道了,所以死也不会让自己感到难受。因此,无论如何,死都与己无关,无所谓痛苦。

◆ 你能够反驳伊壁鸠鲁的上述论证吗?

第二个论证更复杂些,也是 B&F 在此所要重点讨论的问题。根据对"剥夺说"的理解,人死后是经验的空白状态。那么,人还有什么时候也会处于经验的彻底空白状态呢? 没有错,那就是在人还没有出生之前的时候(prenatal nonexistence)。然而,把人死后的状态和未出生前的状态放在一起比较,就出现了所谓的时间不对称性(asymmetry)问题。人人都觉得死去可能是一件不幸的事情,因为关于生之乐的经验彻底消失了。可是,生之前不也是一片经验空白的状态吗,这段时间和死去后的时间没有任何本质上的差别,可为什么没有人会因为一个人晚出生了 3 个月就感到有多么的不幸,反过来却会因为一个人早死了 3 天而悲痛不已呢?

根据"剥夺说",出生前的时间和死后的时间在本质上是一致的,即经验空场。但是,它们对人的意义却大相径庭,明明时间是对称的,可实际效果却不对称。这到底是怎么回事呢?

◆ 时间的不对称问题在回答死何以不幸的问题上有着重要的意义。这两个问题之间的逻辑关系是怎么样的? 借助这个逻辑关系说说,为什么时间不对称性问题重要?

一个哲学观点往往蕴含了一些更进一步的内容,即 P→Q。比如,在上述问题中,死去是不幸的观点蕴含着时间是不对称的。哲学批评的一种方式是反对后件¬P,从而驳倒前件¬Q,即所谓的"否定后件式"(Modus tollens)。因此,如果我们不能解释时间的这种不对称性,就无法解释死去的不幸。这也是为什么不对称问题紧迫棘手的原因。

◆ 读哲学有点像解谜题。你能试着回答时间不对称性的谜题吗?

One way to respond to the challenge (and thus defend the Nagelian explanation of death's badness) is to say that, whereas one could (logically) have lived longer, it is logically impossible that one should have been born much earlier. Further, the claim is that it is irrational (or impossible) to regret that a proposition which is necessarily false isn't true. This response is unsatisfying. It is not clear that it is logically impossible that an individual should have been born substantially earlier than he actually was. It is not at all dear, for instance, that Socrates — the very same Socrates — couldn't (logically) have come into being ten years earlier than he in fact did. Why exactly should (roughly) the actual time of one's birth be an essential property of a person? Given that the essentiality of the actual time of birth is *a controversial* metaphysical claim, it is unsatisfying to use it as part of an explanation of the intuitive asymmetry. The explanation will not be acceptable to anyone who denies the assumption. If it is at least logically possible that one should have been born much earlier (and no reason has been offered to rule this out), then we still need to develop a response to the challenge raised by Epicurus and Lucretius (insofar as we cling to the explanation of death's badness in terms of deprivation).

关于时间不对称性问题的解决方案我们将在下一讲着重讨论。本讲只简单讨论一种来自于内格尔(Thomas Nagel)的形而上学解释。内格尔对于死亡问题也有很深刻的研究,B&F 这里的思考某种程度上得益于内格尔所撰写的一篇名为《死亡》的论文。内格尔说,要解决时间的不对称性并不难,只要认识到一个事实,即生日(date of birth)是一个人特有的形而上学属性,如果一个人提前一会儿出生,就不再是这个人,而是另一个人了。内格尔说:"人可能的不同生命从同一个起点开始(a common beginning),会千姿百态(diverge),但他们不可能从不同的起点出发(diverse beginnings),最终汇聚到共同的终点。后者所展现的不是一个人的不同生命,而是拥有着相同结局的一系列不同人的生命。"
(Thomas Nagel. *Mortal Questions* [M]. New York: Cambridge U. Press,
1979)B&F 对这个观点嗤之以鼻,但也没有给出详尽的论证。他们坚持,提前一
点出生的人仍旧是原来那个人,提前十年出生的苏格拉底还是那个苏格拉底,
并没有什么逻辑上的不可能。如果要深入分析的话,势必会牵扯诸如反事实条
件句、模态逻辑等复杂的技术性讨论,B&F 看来并不想在此花太多工夫,他们写
这篇文章,只是试图通过回应时间的不对称性,告诉我们关于生命意义的某个
具体道理。

From A. L. Brueckner and J. M Fischer. "Why Is Death Bad?" [J],
Philosophical Studies, 1986, Vol. 50 (2).

哲学家如是说 B 篇

DEATH, Selected

Thomas Nagel

Essentially, there are three types of problem. First, doubt may be raised
whether *anything* can be bad for a man without being positively unpleasant to him:
specifically, it may be doubted that there are any evils which consist merely in the
deprivation or absence of possible goods, and which do not depend on someone's
minding that deprivation. Second, there are special difficulties, in the case of
death, about how the supposed misfortune is to be assigned to a subject at all.
There is doubt both to *who* its subject is, and as to *when* he undergoes it. So long
as a person exists, he has not yet died, and once he has died, he no longer exists;
so there seems to be no time when death, if it is a misfortune, can be ascribed to its

unfortunate subject. The third type or difficulty concerns the <u>asymmetry</u>, mentioned above, between our attitudes to posthumous and prenatal nonexistence. How can the former be bad if the latter is not?

From Thomas Nagel. *Mortal Questions*[M].

New York：Cambridge U. Press, 1979.

◆◆◆
大宗师 选节
庄 子

<u>死生,命也,其有夜旦之常,天也。</u>人之有所不得与,皆物之情也。彼特以天为父,而身犹爱之,而况其卓乎! 人特以有君为愈乎己,而身犹死之,而况其真乎! 泉涸,鱼相与处于陆,相呴以湿,相濡以沫,不如相忘于江湖。与其誉尧而非桀也,不如两忘而化其道。夫大块载我以形,劳我以生,佚我以老,息我以死。<u>故善吾生者,乃所以善死也。</u>

◆◆◆
至乐 选节
庄 子

庄子妻死,惠子吊之,庄子则方箕踞鼓盆而歌。惠子曰:"与人居,长子、老、身死,不哭亦足矣,又鼓盆而歌,不亦甚乎!"庄子曰:"不然。是其始死也,我独何能无概然! 察其始而本无生,非徒无生也而本无形,非徒无形也而本无气。杂乎芒芴之间,变而有气,气变而有形,形变而有生,今又变而之死,<u>是相与为春秋冬夏四时行也。</u>人且偃然寝于巨室,而我噭噭然随而哭之,自以为不通乎命,故止也。"

摘自庄子今注今译(修订版)[M].上海：商务印书馆,2007.

思考题

1. 托马斯·内格尔来自于纽约大学(New York University)哲学系,是一名世界闻名的哲学家。他曾经对"死亡是不幸"这一命题提出了三个尚待澄清的问题(B&F 讨论的时间不对称性问题是三个问题中的一个)。请你们阅读内格尔论文关于"死亡"的选段,并复述这三个问题。

2. 请你们讨论一下,试着解答内格尔教授的三个疑问。

3. 庄子对死亡问题的态度与许多主流的看法不同。请你们阅读庄子的选文,并思考庄子对死亡问题的看法有何独特之处? 虽然庄子哲学不可能像分析哲学那样条分细缕地论证某个问题,但他也有充分的理由。那么,庄子是如何给出他独特的死亡观的理由的呢?

4. 试着把庄子的死亡观和 B&F 以及其他你知道的死亡观进行比较。并且试着说说你比较倾向于何种观点?

进一步阅读的书目

1. John Fischer. *The Metaphysics of Death* [C]. Stanford University Press, 1993.

　　本文的作者之一费世尔是来自于加州大学河滨分校(University of California, Riverside)哲学系的一名教授。他以用分析哲学的方法,研究人生问题而出名,比如他的著作《我们的故事》(*Our Stories*)、《我的路》(*My Way*)等是书名看上去像散文集一样的哲学书。对于死亡问题,他汇编过一本文集,汇集了一些争鸣辩难类的文章,可能会让你们有所启发。

2. 卡根.死亡哲学[M].北京：北京联合出版社,2016.

卡根（Shelly Kagan）是一位耶鲁大学哲学系的教授,同时也是网络红人——他是网络点击量很高的公开课"哲学：死亡"的主讲者。这本书比较通俗地用逻辑分析的眼光审视人生,进而得出一些人生的道理。比起阅读一些无脑空洞又浮夸的散文、小说,多阅读这类书无疑对一个人的成长有重要的帮助。

他给耶鲁大学本科生上的"哲学：死亡"课,在网络上很容易就能够搜索到,并且是完全免费的,建议大家可以一边阅读一边收看。我在课堂上的空闲时间会播放他的公开课视频给学生们看,让大家感受一下耶鲁大学的公共课哲学教学水平。

第十讲　死去何以不幸？（下）——未来之美好

他是谁？

THOMAS NAGEL（B. A. Cornell 1958；B. Phil. Oxford 1960；Ph. D. Harvard 1963），University Professor，Professor of Philosophy，Professor of Law. He specializes in Political Philosophy，Ethics，Epistemology，and Philosophy of Mind. He is a Fellow of the American Academy of Arts and Sciences，a Corresponding Fellow of the British Academy，and a Member of the American Philosophical Society，and has received Guggenheim，N. S. F.，and N. E. H. Fellowships，a Mellon Distinguished Achievement Award in the Humanities，the Rolf Schock Prize in Logic and Philosophy，the Balzan Prize in Moral Philosophy，and honorary degrees from Oxford，Harvard，and the University of Bucharest.

He is the author of *The Possibility of Altruism*（Oxford，1970，reprinted Princeton，1978），*Mortal Questions*（Cambridge，1979），*The View From Nowhere*（Oxford，1986），*What Does It All Mean?*（Oxford，1987），*Equality and Partiality*（Oxford，1991），*Other Minds*（Oxford，1995），The Last Word（Oxford，1997），*The Myth of Ownership: Taxes and Justice*（with Liam Murphy）（Oxford，2002），*Concealment and Exposure*（Oxford，2002），*Secular Philosophy and the Religious Temperament*（Oxford 2010），and *Mind and Cosmos: Why the Materialist Neo-Darwinian Conception of Nature Is Almost*

Certainly False (Oxford, 2012).

From Website of NYU

哲学家如是说 A 篇

Why Is Death Bad? Selected

A. L. Brueckner and J. M. Fischer

Recently, Derek Parfit has suggested another response. His position could be put as follows. We have a (not irrational) bias toward the future to the extent that there are cases where we are indifferent toward (or care substantially less about) our own past suffering but *not* indifferent toward our own future suffering. Since there are such cases, and the attitudes therein seem rational, the general principle that it is always rational to have symmetric attitudes toward (comparable) past and future bads is false, and so it might be true that it isn't irrational to have asymmetric attitudes toward our own past and future nonexistence (where such periods of nonexistence are taken to be *bads*). Thus, death could be considered a bad thing for us, and yet we needn't assume symmetric attitudes toward death and prenatal nonexistence.

◆ 请你们回忆上一讲关于"死去是不幸的"这一观点的一个尚待解答的谜团。

时间的不对称性是我们必须加以辩护的。它说的是，如果把死亡看作经验的空白状态，而死去的不幸在于不能经验到各种美好，那么生前的时间和生后的时间同样都是经验空场，但人们从来不把没有提前出生当作幸事，却把提前死去当作一件痛苦之事。按"剥夺说"之理，人们对生前时间和生后时间的态度应该是对称的，但事实上却是不对称的。"死亡剥夺说"无法解释这种不对称性，因此"死亡剥夺说"很可能是错误的。这就是上一讲提出的关于死去不幸的时间不对称性问题。

那么有什么办法来辩护这种时间的不对称性，进而使死去不幸的解释站住脚呢？帕菲特(Derek Parfit)给出了一种解释(帕菲特是牛津大学的一位超级哲学家，他擅长伦理学，出版过影响深远的哲学著作《理与人》(*Reasons and Persons*)和《论重要之事》(*On What Matters*)等)，我把它叫做**"未来之苦"**(future bads)的论证。什么意思呢？帕菲特用分析哲学家常用的研究方法，给我们讲了个故事(思想实验)：

有一种手术不留后遗症且成功率为100%，就是手术过程中不能用麻药，会非常痛。所以，医生在手术后，会让病人喝下一碗"孟婆汤"，以彻底忘记手术的痛。

这回我们的史密斯小姐大清早在医院的病床上睁开了眼睛。她迷迷糊糊，不知道到底做还是没有做过手术(因为失忆药的假设，即使她做过手术，也不记得手术)。于是她问身边的护士小姐，可是这位护士是位糊涂人，她只能告诉史密斯：你是两位病人中的某一位，要么是那位昨天做了8个小时手术，忍受了8小时痛苦的病人A；要么你是马上要做手术的病人B，不过今天来做手术的医生手艺高超，百分之百确保10分钟内解决问题。

问题在于，如果你是史密斯小姐，你会希望自己是病人A还是病人B呢？

很显然，我们都会希望自己是病人A——毕竟，痛苦既然已经承受了，那就无法改变，但新的痛苦最好不要落到自己头上。帕菲特进一步指出，人性中总有这样一种偏见，即相较于过去的痛苦，我们总是更害怕未来的痛苦(或许这是真的，人类总爱遗忘过去的恶，比如战争、饥荒、灾难，真正汲取过去教训的人又有多少呢？)。这也就解释了时间为何不对称，虽然生前生后的时间性质一样，但人类还是敏感于未发生过的未来之痛。

◆ 你能反驳"未来之苦"的论证吗？

......

The problem is that it cannot be extended to the case of death. The reason is that Parfit's case involves a bad for a person which is *experienced as bad by the person*. One's own pain is perhaps paradigmatic of such bads. But death is not a bad of this kind; indeed, the entire problem of justifying our intuitive asymmetric attitudes arises precisely because death is a bad for a person which is *not* experienced as bad by the person. Further, it seems that it is plausible to suppose that Parfit's conclusion will *only* apply to cases involving bads experienced as bad by the person.

"未来之苦"的弱点很明显,它忘记了"死亡剥夺说"的大前提,即死去是一种经验空白的状态。人们害怕经验到、感知到痛苦,但问题在于,死后人就没有经验了,这些痛苦对于死者毫无意义!

B&F 讲了个故事:有个人被朋友背地里背叛了。之前被 8 个朋友背地里背叛了,未来还要被 1 个朋友背地里背叛。忽略这些背叛行为的意义。难道未来 1 次背叛和过去的 8 次背叛对这个毫无所知的人有不同的价值吗?显然不是,只要是背叛行为,不管是之前还是之后,这个毫不知情的人都不希望落到自己头上。

......

It might seem appealing to suggest that what makes death a bad thing for a person is that it is the deprivation of good things *already had* by the person. On this account, the asymmetry between our attitudes toward prenatal and posthumous nonexistence is due to the fact that the time before our birth cannot be conceived as a deprivation of good things we have *already had*, whereas the time after our death deafly can be so conceived.

基于帕菲特的解释,B&F 略做修改,给出了第二种解释,我把它称为 **"过去**

之美好"（good things already had）的论证。B&F给我们讲了一个类似于"朝三暮四"的故事：史密斯小姐是一个嗜酒如命的人。他的丈夫每天给她红酒喝，一天5瓶红酒，雷打不动。直到有一天，他的丈夫厌倦了这个酒鬼妻子，下定决心帮助她戒酒，从一天5瓶改为一天3瓶。史密斯小姐感到莫大之不幸：你竟然把我生命中最美好的东西给夺走了！

B&F进一步说明，人性中还有另一种心理偏好，即总是对已经拥有的美好事物感到恋恋不舍，以至于害怕失去它。的确如此，现代人总是急于拥有，而害怕失去，当我看到许多人因为失恋而痛不欲生的时候，我能够深深体会这种观点。传统中国文化中也少不了对现世美好的讽刺挖苦，人总是没有的想要有，已经有了的攥得紧，攥紧的同时还想要更多。正所谓：世人都道神仙好，唯有功名忘不了，世人都道神仙好，唯有金银忘不了！为何人们那么害怕死亡呢？因为害怕失去这些生命中美好的东西！

看来，B&F真是洞察了人性，才能够给出这种时间不对称性的解释呀。

◆ 你能反驳"过去之美好"的解释吗？

......

But clearly this principle is not applicable to death, since death deprives a person of goods *without* causing *any* experiences at all（according to our supposition）. The psychological principle may apply to bads which are experienced as bad by a person（or which *cause* unpleasant experiences had by the person）, but it doesn't apply to death, since it is *not* such a bad. So this explanation of our asymmetric attitudes suffers from the same problem as the above strategy. Suppose, on the other hand, that we do not appeal to the psychological principle and instead conceive of death as a bad which is *not* experienced. Then insofar as it is held that in regretting the prospect of death we regret the future deprivation of goods we have already had, it would be equally reasonable to regret the prenatal deprivation of such goods, goods which, we *now* know, could have graced our life had it begun earlier.

其实，"过去之美好"和"未来之苦"犯了同样的错误。在"过去之美好"的答案中，也没有彻底排空经验。中国人经常喜欢说这样的话：人都已经死了，你还有什么看不开的呢！死去让你的人生一场空，可是也让你的害怕"落了空"。在酒鬼妻子的思想实验中，史密斯之所以难过愤怒，全然是因为她还活着，能够感受到失去的痛。死都死了，还担心什么生前的功名利禄呢，正所谓：荒冢一堆草没了！

到目前为止，在解释"死去何以不幸"的过程中一定要克服两个障碍：第一，克服时间的对称性难题；第二，时刻牢记大前提，即死去是一片经验空场。如果这两个问题道不明，也就说不清死去何以不幸。

◆ 目前，已经有了"过去之美好"和"未来之苦"的解答，不过两者都站不住脚。话头至此，你能不能再仔细想想，给出一个类似但更好的解答呢？看看本讲的副标题，能不能给你一些启发呢？

······

Death is a bad insofar as it is a deprivation of the good things in life (some of which, let us suppose, are "experienced as good" by the individual). If death occurs in the future, then it is a deprivation of something to which we look forward and about which we care — *future* experienced goods. But prenatal nonexistence is a deprivation of *past* experienced goods, goods to which we are indifferent. Death deprives us of something we care about, whereas prenatal nonexistence deprives us of something to which we are indifferent.

像禅宗一样，B&F 给我们留下个话头，他们说伍迪艾伦（Woody Allen，一位灵气十足的演员、导演）讲过一句话："我们总是抱怨，生活可怖，人生苦短（We have two complaints about life. First, life is terrible. And second, life is too short）。"为什么可怖的人生不早点结束呢？回头是岸呀！

B&F 于是又给我们讲了个故事：

现在有一种快乐药，无副作用，服用后会感到至乐之感，但是怕你上瘾，每次快乐的效果结束后,医生都会让你失忆以忘记上次的快乐。

史密斯小姐再一次醒来。她很想知道,究竟有没有吃过快乐药,于是她又问了那位糊涂的护士。护士果不其然地再一次糊涂,她说,史密斯要么昨天吃过了药,傻笑了 8 小时;要么今天要服药,不过今天的药由于受潮,最多让人欢乐 8 分钟。

你要是史密斯小姐,你希望自己吃过药吗?答案是显然的,就算 30 秒,我也准备要吃。

B&F 提出了他们的最终答案,即**"未来之美好"**(future experienced goods)解释。活着同死去和未出生的重大区别就在于能够感知、能够经验、能够关心(care)。生前的事情类似于故事中的失忆状态,人性不会关心无法经验到的状态的好坏。而人们害怕死去,正是因为丧失了感受生命中还未出现的那份美好的可能性。这种解释同时满足了时间的不对称性和死后的经验空白假设,因此是一种比较好的答案。

生活的确可怕,中国也有句老话"人生不如意十之八九",成年人们都知道,身为高中生的你们,正经历着许许多多成长的伤痛。韩寒少年时写过《三重门》,说的就是这个时代中学生所不可避免要面对的学业、家庭、情感三重挑战。背负着重担的你会不会如歌词所唱的那样:你说你受尽了生活的苦/找不到可以相信的人/你说你感到万分沮丧/甚至开始怀疑人生。

如果这样理解生命,那就没有洞悉生活的真谛——生活如果仅仅是苦,或者已有的乐,那么死去后不幸的问题根本无法得以解决。生活的绝妙之处就在于它时不时地给你一些意料之外的美好。比如,在你灰心丧气之际,惊喜地看到了她(他)天使般的微笑。转角遇到爱,人生的美好,也莫过于此。正如一首流行歌曲所唱:

下个路口/你会看见爱/有美丽笑容

这就是"未来之美好"的论证,给我们人生的启迪。生活可怕,人生苦短!

◆ 不过,B&F 的论证似乎仍有发力不足之处。我认为他们有两点没有说到:第一,过分地依赖于人的直觉,这当然和一种分析哲学方法有关;第二,人性对未来的美好更感兴趣这个论点本身就值得进一步说明。为什么人性具有这样的特点呢？你们能进一步思索吗？

From A. L. Brueckner and J. M Fischer. "Why Is Death Bad?"[J],
Philosophical Studies, 1986, Vol. 50（2）, pp. 213—221.

人们总是说要珍惜生命,这一点没错。不过,是把这个命题当作祥林嫂式的唠叨,还是像这两讲中的哲学家那样通过理性思索进而得出结论,完全是两回事。哲学能够让你更聪明,说的不是哲学让你获得了某些别人不知道的知识,而是说哲学通过讲清道理,让你更好地理解一些知识,从而更深入地审视自己和世界。

哲学真有用,聪明真好!

哲学家如是说 B 篇

"老三篇"

毛泽东

纪念白求恩

白求恩同志是加拿大共产党员,五十多岁了,为了帮助中国的抗日战争,受加拿大共产党和美国共产党的派遣,不远万里,来到中国。去年春上到延安,后来到五台山工作,不幸以身殉职。一个外国人,毫无利己的动机,把中国人民的解放事业当作他自己的事业,这是什么精神? 这是国际主义的精神,这是共产主义的精神,每一个中国共产党员都要学习这种精神。列宁主义认为:资本主义国家的无产阶级要拥护殖民地半殖民地人民的解放斗争,殖民地半殖民地的无产阶级要拥护资本主义国家的无产阶级的解放斗争,世界革命才能胜利。白求恩同志是实践了这一条列宁主义路线的。我们中国共产党员也要实践这一条路线。我们要和一切资本主义国家的无产阶级联合起来，要和日本的、英国的、美国的、德国的、意大利的以及一切资本主义国家的无产阶级联合起来，才能打倒帝国主义，解放我们的民族和人民，解放世界的民族和人民。这就是我们的国际主义，这就是我们用以反对狭隘民族主义和狭隘爱国主义的国际主义。

<u>白求恩同志毫不利己专门利人的精神，表现在他对工作的极端的负责任，对同志对人民的极端的热忱。</u>每个共产党员都要向他学习。不少的人对工作不负责任，拈轻怕重，把重担子推给人家，自己挑轻的。一事当前，先替自己打算，然后再替别人打算。出了一点力就觉得了不起，喜欢自吹，生怕人家不知道。对同志对人民不是满腔热忱，而是冷冷清清，漠不关心，麻木不仁。这种人其实不是共产党员，至少不能算一个纯粹的共产党员。从前线回来的人说到白求恩，没有一个不佩服，没有一个不为他的精神所感动。晋察冀边区的军民，凡亲身受过白求恩医生的治疗和亲眼看过白求恩医生的工作的，无不为之感动。每一个共产党员，一定要学习白求恩同志的这种真正共产主义者的精神。

白求恩同志是个医生，他以医疗为职业，对技术精益求精；在整个八路军医务系统中，他的医术是很高明的。这对于一班见异思迁的人，对于一班鄙薄技术工作以为不足道、以为无出路的人，也是一个极好的教训。

我和白求恩同志只见过一面。后来他给我来过许多信。可是因为忙，仅回过他一封信，还不知他收到没有。对于他的死，我是很悲痛的。现在大家纪念他，可见他的精神感人之深。我们大家要学习他毫无自私自利之心的精神。从这点出发，就可以变为大有利于人民的人。<u>一个人能力有大小，但只要有这点精神，就是一个高尚的人，一个纯粹的人，一个有道德的人，一个脱离了低级趣味的人，一个有益于人民的人。</u>

◆◆◆

为人民服务

我们的共产党和共产党所领导的八路军、新四军，是革命的队伍。我们这个队伍完全是为着解放人民的，是彻底地为人民的利益工作的。张思德同志就是我们这个队伍中的一个同志。

人总是要死的,但死的意义有不同。中国古时候有个文学家叫做司马迁的说过:"人固有一死,或重于泰山,或轻于鸿毛。"为人民利益而死,就比泰山还重;替法西斯卖力,替剥削人民和压迫人民的人去死,就比鸿毛还轻。张思德同志是为人民利益而死的,他的死是比泰山还要重的。

因为我们是为人民服务的,所以,我们如果有缺点,就不怕别人批评指出。不管是什么人,谁向我们指出都行。只要你说得对,我们就改正。你说的办法对人民有好处,我们就照你的办。"精兵简政"这一条意见,就是党外人士李鼎铭先生提出来的;他提得好,对人民有好处,我们就采用了。只要我们为人民的利益坚持好的,为人民的利益改正错的,我们这个队伍就一定会兴旺起来。

我们都是来自五湖四海,为了一个共同的革命目标,走到一起来了。我们还要和全国大多数人民走这一条路。我们今天已经领导着有九千一百万人口的根据地,但是还不够,还要更大些,才能取得全民族的解放。我们的同志在困难的时候,要看到成绩,要看到光明,要提高我们的勇气。中国人民正在受难,我们有责任解救他们,我们要努力奋斗。要奋斗就会有牺牲,死人的事是经常发生的。但是我们想到人民的利益,想到大多数人民的痛苦,我们为人民而死,就是死得其所。不过,我们应当尽量地减少那些不必要的牺牲。我们的干部要关心每一个战士,一切革命队伍的人都要互相关心,互相爱护,互相帮助。

今后我们的队伍里,不管死了谁,不管是炊事员,是战士,只要他是做过一些有益的工作的,我们都要给他送葬,开追悼会。这要成为一个制度。这个方法也要介绍到老百姓那里去。村上的人死了,开个追悼会。用这样的方法,寄托我们的哀思,使整个人民团结起来。

◆◆◆

愚公移山　选节

……

大会闭幕以后,很多同志将要回到自己的工作岗位上去,将要分赴各个战场。同志们到各地去,要宣传大会的路线,并经过全党同志向人民作广泛的解释。

　　我们宣传大会的路线,就是要使全党和全国人民建立起一个信心,即革命一定要胜利。<u>首先要使先锋队觉悟,下定决心,不怕牺牲,排除万难,去争取胜利。</u>但这还不够,还必须使全国广大人民群众觉悟,甘心情愿和我们一起奋斗,去争取胜利。要使全国人民有这样的信心:中国是中国人民的,不是反动派的。中国古代有个寓言,叫做"愚公移山"。说的是古代有一位老人,住在华北,名叫北山愚公。他的家门南面有两座大山挡住他家的出路,一座叫做太行山,一座叫做王屋山。愚公下决心率领他的儿子们要用锄头挖去这两座大山。有个老头子名叫智叟的看了发笑,说是你们这样干未免太愚蠢了,你们父子数人要挖掉这样两座大山是完全不可能的。愚公回答说:我死了以后有我的儿子,儿子死了,又有孙子,子子孙孙是没有穷尽的。这两座山虽然很高,却是不会再增高了,挖一点就会少一点,为什么挖不平呢? 愚公批驳了智叟的错误思想,毫不动摇,每天挖山不止。这件事感动了上帝,他就派了两个神仙下凡,把两座山背走了。现在也有两座压在中国人民头上的大山,一座叫做帝国主义,一座叫做封建主义。中国共产党早就下了决心,要挖掉这两座山。我们一定要坚持下去,一定要不断地工作,我们也会感动上帝的。这个上帝不是别人,就是全中国的人民大众。全国人民大众一齐起来和我们一道挖这两座山,有什么挖不平呢?

　　……

摘自毛泽东选集[M].北京:人民出版社,1991.

思考题

1. 伟大的思想家毛泽东是 20 世纪把关于生活和死亡的话题说得最通透的中国人,他的名作《老三篇》事实上就是关于活着、死去和希望的三篇哲学著作。"老三篇"也深深打动了我。请你们带着生与死的问题意识重读"老三篇",

并谈谈你们的体会。

2. "纪念白求恩"说的是人如何有意义地活着。请分析划线句"白求恩同志毫不利己专门利人的精神,表现在他对工作的极端的负责任,对同志对人民的极端的热忱。"思考什么叫做"毫不利己专门利人"? 是不是就是把自己的一切奉献了就是"毫不利己专门利人"?

3. "为人民服务"是一篇悼词,是关于死亡的讨论。海德格尔(Martin Heidegger)说:"向死而生。"人人逃不过一死,然而死的意义却是不同的,为什么?

4. "愚公移山"是关于希望的哲学。毛泽东说:"下定决心,不怕牺牲,排除万难,去争取胜利。""去争取胜利"和"争取胜利"有区别吗,为什么?

进一步阅读的书目

J. David Velleman. "Well-Being and Time"[J]. *Pacific Philosophical Quarterly* 72, 1991.

为什么人性中会有期待未来美好的倾向? 维勒曼(David Velleman)给我们一个有趣的解释:人具有一种叙事结构(narrative)。有兴趣的同学可以翻翻这篇文章。作者维勒曼是纽约大学哲学系的教授,因其对行动理论(action theory)的研究而出名。

第十一讲　政治与权力（上）——资本的兴起

知识窗

什么是马克思主义？

马克思主义是马克思和恩格斯的观点和学说的体系，以马克思的名字命名的无产阶级世界观。它的产生是人类思想史上一次最伟大的革命。在资本主义生产方式已经形成、无产阶级同资产阶级的斗争日益尖锐化的时期，马克思和恩格斯参加了当时的革命实践，总结了欧洲工人运动的经验，批判地吸取了以黑格尔辩证法和费尔巴哈唯物主义为代表的德国古典哲学，以亚当·斯密和李嘉图的劳动价值论为代表的英国古典政治经济学，以圣西门、傅立叶为代表的法国空想社会主义学说，以基佐、梯也尔、米涅为代表的阶级斗争的历史学说，以及自然科学知识，特别是细胞学说、能量守恒和转化规律、进化论等，创立了这一科学学说。主要内容包括：辩证唯物主义和历史唯物主义哲学，政治经济学和科学社会主义学说，以及一般革命学说和历史学说。马克思主义哲学第一次把唯物主义和辩证法结合起来阐明了整个世界发展的最一般的规律，它所阐述的质量互变规律、对立统一规律、否定之否定规律被称为辩证法的三大规律；唯物史观的创立，揭示了人类社会生活、政治和精神生活的基础归根到底是社会的物质生活状况指明了生产力和生产关系的矛盾是历史发展的真正动力，辩证地阐明了经济基础和上层建筑的关系，提出了阶级斗争必然导致无产阶级专政的理论。马克思主义的政治经济学说第一次发现资本剥削劳动的秘密即剩余价值规律，从而揭明资本主义的本质，及其产生、发展和必然被共产主义代替的历史必然趋势。由于唯物史观和剩余价值学说这两大发现，马克思第一次使社会主义由空想变成科学……马克思主义是活生生的发展学说，在当今被运用于不同的国家和民族，呈现出丰富多彩的形态，它要求将坚持马克思主义和发展马克思主义统一起来。

摘自冯契、徐孝通主编.外国哲学大辞典[Z].上海：上海辞书出版社,2000.

哲学家如是说 A 篇

《共产党宣言》
"资产者和无产者" 选节
马克思、恩格斯

  《共产党宣言》是历史上少有的能够把理论（episteme）、政治（phronesis）与艺术（poesis）如此完美地结合在一起的作品。它用诗人的语言，讲了一个关于权力（power）的故事，而这个故事不是"上升、深化、抽象"为哲学——它就是一种崭新的哲学。当我还是一名本科生的时候，有学妹问我："你读了不少哲学书，能不能推荐我读一本你最喜欢读的书呢?"我一时语塞，我的确读书不少，但要是说能够从义理和情感两方面打动我的书还真说不上来。直到有一天我读到了《共产党宣言》，我深深地为之折服，我的世界观随之彻底改变。后来，虽然我研读哲学的主要方向是更为学院派的分析哲学，但《共产党宣言》始终是我最欣赏的一本书，"共产主义幽灵"的形象也一直在我的脑海里徘徊着。

  其实不止是我，许多年轻的心灵都因《共产党宣言》而共振。每次上"《共产党宣言》精读"第一课，我都会介绍在豆瓣网上看到的一个书评，它的大致意思是：一个夏日炎炎令人烦闷的午后，放暑假的年轻学生百无聊赖地随手从长辈的书架中取出一本书——《共产党宣言》。开始只是无聊地翻阅，读着读着便入了迷，再读着读着开始读出声来，最后竟然在令人昏睡的午后，站在大院的椅子上高声朗读起来！

这就是"政治诗篇"的魔力。

……

至今一切社会的历史都是阶级斗争的历史。

《共产党宣言》并不难读，因为这本书最初的受众并不是专家、教授，而是工人阶级，今天的高中生完全有能力读懂它。甚至还可以说它非常好读——它极其生动地描绘了资本主义世界的方方面面，描述了基于资本而构建起来的权力关系。

虽然170多年过去了，但《共产党宣言》依然是我们的指路明灯，仍鞭辟入里地剖析着今天这个技术化、资本化、"苹果化"、"麦当劳化"的世界。你们要想读透它，一定要感性地（sensually）去读，把自己的感性生活融入阅读过程（与之前以分析和理性为主的哲学文本阅读方法完全不同，这也是马克思的"实践哲学"对古希腊以降的"思辨哲学"传统的一次颠覆）。同时，还要将马克思、恩格斯在宣言中表述的理论，转化为辩证唯物主义或历史唯物主义方法，从而进一步地对今天这个世界的种种现象进行分析。

有喜欢玩网络游戏的同学对我这些话表示异议：我的感性生活被网络游戏占据着，这能分析出马克思主义吗？

不知道诸位是否注意过，角色扮演类的网络游戏的世界往往以中世纪为原型，几乎没有当代社会。为什么？网络游戏当然少不了你争我夺。这你争我夺就叫做"斗争"，不过斗争的参与者在历史上是不同的。马克思向我们分析，虽然都是压迫者和被压迫者之间在斗争，但是在中世纪的封建社会，压迫者和被压迫者之间还能分出很多等级，比如骑士、贵族、僧侣、农奴等。而到了资产阶级社会，斗争简单化了，只剩下了资本家和无产者的斗争。一个角色扮演游戏，可供扮演的角色只有两类,且资本家是少数,而无产者是绝大多数,这游戏还有什么意思呢?

但是,只要是社会,就存在着资源分配方面的你争我夺,而只有在社会主义社会,人民才可能真正获得资源分配方面的主导权,这点是不会错的。

......

由此可见,现代资产阶级本身是一个长期发展过程的产物,是生产方式和交换方式的一系列变革的产物。

资产阶级的这种发展的每一个阶段,都伴随着相应的政治上的发展。它在封建主统治下是被压迫的等级,在公社里是武装的和自治的团体,在一些地方组成独立的城市共和国,在另一些地方组成君主国中的纳税的第三等级;后来,在工场手工业时期,它是等级君主国或专制君主国中同贵族抗衡的势力,而且是大君主国的主要基础;最后,从大工业和世界市场建立的时候起,它在现代的代议制国家里夺得了独占的政治统治。现代的国家政权不过是管理整个资产阶级的共同事务的委员会罢了。

资产阶级的生产方式和观念不是什么天然的、神圣的、自古有之的东西,反而它们是随着历史的发展而出现的。资产阶级总是喜欢把变动的、暂时的、符合自身利益的东西或观念说成是天然的、不变的、符合普遍利益的东西或观念。

什么是批判力?看得清神圣的东西不神圣、天然的东西是伪造的,这就是批判力。承认世界在变化,这个变化背后的本质是生产方式(means of production)的变化,这就是历史唯物主义或辩证唯物主义的方法论。

◆ 争鸣:人性到底是不是自私的呢?

资产阶级在历史上曾经起过非常革命的作用。

《共产党宣言》不仅是中国高中生的必读书籍,也是美国高中生的必读篇目。为什么处于金融资本主义中心的美国政府会允许高中生读《共产党宣言》呢？

这也是《共产党宣言》要超越许多资本主义批判书籍的地方。马克思和恩格斯高度承认资本在人类历史上发挥的重要作用。它极大地提升了生产力，改变了人类认知世界的模式。同时，与一般的资本主义伦理批判不同，马克思对资本主义的批判是建立在一套科学完备的理论基础上的，因此，也具有方法论上的重要价值。

资产阶级在它已经取得了统治的地方把一切封建的、宗法的和田园般的关系都破坏了。它无情地斩断了把人们束缚于天然尊长的形形色色的封建羁绊，它使人和人之间除了赤裸裸的利害关系，除了冷酷无情的"现金交易"，就再也没有任何别的联系了。它把宗教虔诚、骑士热忱、小市民伤感这些情感的神圣发作，淹没在利己主义打算的冰水之中。它把人的尊严变成了交换价值，用一种没有良心的贸易自由代替了无数特许的和自力挣得的自由。总而言之，它用公开的、无耻的、直接的、露骨的剥削代替了由宗教幻想和政治幻想掩盖着的剥削。

资产阶级抹去了一切向来受人尊崇和令人敬畏的职业的神圣光环。它把医生、律师、教士、诗人和学者变成了它出钱招雇的雇佣劳动者。

资产阶级撕下了罩在家庭关系上的温情脉脉的面纱，把这种关系变成了纯粹的金钱关系。资产阶级揭示了，在中世纪深受反动派称许的那种人力的野蛮使用，是以极端怠惰作为相应补充的。它第一个证明了，人的活动能够取得什么样的成就。它创造了完全不同于埃及金字塔、罗马水道和哥特式教堂的奇迹；它完成了完全不同于民族大迁徙和十字军征讨的远征。

资产阶级除非对生产工具，从而对生产关系，从而对全部社会关系不断地进行革命，否则就不能生存下去。反之，原封不动地保持旧的生产方式，却是过去的一切工业阶级生存的首要条件。生产的不断变革，一切社会状况不停的动荡，永远的不安定和变动，这就是资产阶级时代不同于过去一切时代的地方。一切固定的僵化的关系以及与之相适应的素被尊崇的观念和见解都被消除了，一切新形成的关系等不到固定下来就陈旧了。一切等级的和固定的东西都烟消云散了，一切神圣的东西都被亵渎了。人们终于不得不用冷静的眼光来看他们的生活地位、他们的相互关系。

把人与人之间的关系变成赤裸裸的金钱关系，这当然有马克思对资本主义世界的道德加以辛辣批判的一面，但同时马克思也看到了其中的积极因素。在封建社会也存在着剥削，但这种剥削往往是宗法的、宗教的。在中国社会，人们被"天地君亲师"的观念束缚着，使君与臣、师与生之间存在着人身依附关系。在西方，人们又不得不屈服于神权。至少，随着资本主义的兴起，宗教幻想和政治幻想，被现实的金钱关系取代了，让人获得了部分的自由、名义上的平等，但是市民社会的解放并不意味着人类的解放，金钱关系的出现只是用一种新的压迫形式取代了旧的压迫形式。

一切神圣的东西都被亵渎了。马克思真不愧为一位杰出的诗人，他在这里又用了"神圣"两字。到底什么叫"神圣"？比如说，中学生恋爱了，我作为班主任，自然要密切注意两人的动向，并且要在讲究时机和方法的基础上告诉他们：中学生还是要以学业为重呀。

这句"中学生要以学业为重"就是马克思的"神圣"观念——无缘无故、荒诞离奇，仔细想想没道理，但就是这么理所当然。人类历史上也有许多神圣观念，比如宗教宗法、资本金钱。这些"圣物"被亵渎的那天，就是人类解放的那天。

◆ 在封建社会、资本主义社会有哪些具体的神圣观念？为什么马克思说这些神圣的东西都被亵渎了？

◆ 如何理解马克思的名言："生产的不断变革，一切社会状况不停地动荡，永远地不安定和变动，这就是资产阶级时代不同于过去一切时代的地方。"

不断扩大产品销路的需要，驱使资产阶级奔走于全球各地。它必须到处落户，到处开发，到处建立联系。

资产阶级，由于开拓了世界市场，使一切国家的生产和消费都成为世界性的了。使反动派大为惋惜的是，资产阶级挖掉了工业脚下的民族基础。古老的民族工业被消灭了，并且每天都还在被消灭。它们被新的工业排挤掉了，新的工业的建立已经成为一切文明民族的生命攸关的问题；这些工业所加工的，已经不是本地的原料，而是来自极其遥远的地区的原料；它们的产品不仅供本国消费，而且同时供世界各地消费。旧的、靠本国产品来满足的需要，被新的、要靠极其遥远的国家和地带的产品来满足的需要所代替了。过去那种地方的和民族的自给自足和闭关自守状态，被各民族的各方面的互相往来和各方面的互相依赖所代替了。物质的生产是如此，精神的生产也是如此。各民族的精神产品成了公共的财产。民族的片面性和局限性日益成为不可能，于是由许多种民族的和地方的文学形成了一种世界的文学。

资产阶级，由于一切生产工具的迅速改进，由于交通的极其便利，把一切民族甚至最野蛮的民族都卷到文明中来了。它的商品的低廉价格，是它用来摧毁一切万里长城、征服野蛮人最顽强的仇外心理的重炮。它迫使一切民族——如果它们不想灭亡的话——采用资产阶级的生产方式；它迫使它们在自己那里推行所谓文明，即变成资产者。一句话，它按照自己的面貌为自己创造出一个世界。

资产阶级使农村屈服于城市的统治。它创立了巨大的城市，使城市人口比农村人口大大增加起来，因而使很大一部分居民脱离了农村生活的愚昧状态。正像它使农村从属于城市一样，它使未开化和半开化的国家从属于文明的国家，使农民的民族从属于资产阶级的民族，使东方从属于西方。

资产阶级日甚一日地消灭生产资料、财产和人口的分散状态。它使人口密集起来，使生产资料集中起来，使财产聚集在少数人的手里。由此必然产生的结果就是政治的集中。各自独立的、几乎只有同盟关系的、各有不同利益、不同法律、不同政府、不同关税的各个地区，现在已经结合为一个拥有统一的政府、统一的法律、统一的民族阶级利益和统一的关税的统一的民族。

全球化学（globalization study）已经成为今天许多大学社会学系的一个研究方向，而马克思、恩格斯在170多年前——在"全球化"这个词还未被发明前，撰写的这段文字，是任何一个全球化研究者的必读教材。

今天任何一个手机，都不可能是某个国家或地区单独完成的，往往设计专利来自于一个国家，零部件来自于某些国家，装配又由一些国家来完成，食物链有着明显的顶端、末端之分。今天资本市场的全球化更是你中有我，我中有你，情况更为复杂。如何在商品生产和资本运转的世界角逐中，拥有自己的一席之地，每个国家都应动脑筋。

而生产方式的变动必然会导致上层建筑和思想观念的变动，经济的全球化一定会使人们的生活方式发生巨大的变化。马克思当年就预言了世界文字的出现，今天英语的确成为了这样的语言。甚至有这样的看法：像德语、法语之类的欧洲"方言"已经没有必要再去学习了，因为若干年后，欧洲很可能把英语当作通行语言。

◆ 在全球化背景下，如何处理好"地方"与"世界"的关系？请就生活中的某个实际情况出发，加以讨论。

◆ 马克思说："它使人口密集起来，使生产资料集中起来，使财产聚集在少数人的手里。"当然，马克思在这里并没有向我们解释资本日益集中背后的机制，毕竟《共产党宣言》只是一本写给普通工人阶级看的书，具体的资本运转还留待马克思的《资本论——政治经济学批判》进行叙述。不过，众所周知，全球化是把双刃剑，请你去图书馆检索资料，看看我国是如何在全球化过程中牢牢占据主动位置，从而避免出现受制于资本的情况？

资产阶级在它的不到一百年的阶级统治中所创造的生产力，比过去一切世代创造的全部生产力还要多，还要大。自然力的征服，机器的采用，化学在工业和农业中的应用，轮船的行驶，铁路的通行，电报的使用，整个大陆的开垦，河川的通航，仿佛用法术从地下呼唤出来的大量人口，——过去哪一个世纪料想到在社会劳动里蕴藏有这样的生产力呢？

由此可见，资产阶级赖以形成的生产资料和交换手段，是在封建社会里造成的。在这些生产资料和交换手段发展的一定阶段上，封建社会的生产和交换在其中进行的关系，封建的农业和工场手工业组织，一句话，封建的所有制关系，就不再适应已经发展的生产力了。这种关系已经在阻碍生产而不是促进生产了。它变成了束缚生产的桎梏。它必须被炸毁,而且已经被炸毁了。

有许多神秘主义者经常会发出这样的感慨:金字塔、长城等建筑真是太伟大了,人类靠自身的力量根本不可能把它们创造出来,这一定是外星人在地球上的遗迹。可是,这些神秘主义者如果能够认真看看我们今天这个世界,他们一定会哑口无言,因为我们在近两三百年所创造的奇迹,要比金字塔、长城之类的奇迹来得更伟大、更壮丽!马克思在天才的"十一条",即《费尔巴哈提纲》中写道:"全部社会生活在本质上是实践的。凡是把理论引向神秘主义的神秘东西,都能在人的实践中以及对这个实践的理解中得到合理的解决。"这巨大的生产力和创造力全是资本创造出来的,是资本的逐利原则意外地产生的。

每每我读到马克思"自然力的征服,机器的采用,化学在工业和农业中的应用,轮船的行驶,铁路的通行,电报的使用,整个大陆的开垦,河川的通航,仿佛用法术从地下呼唤出来的大量人口"这句话时,我都不由得想起一款名为"文明"的电脑游戏。的确,资本在文明的发展中起到的作用太大了,我们不可以忽视它。

◆ 如果仅仅拥有资本能否创造这些伟大的奇迹呢?世界真正的创造者到底是谁?

摘自马克思、恩格斯.共产党宣言[M].北京:人民出版社,2014.

哲学家如是说 B 篇

我的马克思主义观　选节

李大钊

……

据以上所引,我们可以略窥马克思唯物史观的要领了。现在更把这个要领简单写出,以期易于了解。

马克思的唯物史观有二要点:其一是关于人类文化的经验的说明;其二即社会组织进化论。<u>其一是说人类社会生产关系的总和,构成社会经济的构造。</u>这是社会的基础构造。一切社会上政治的、法制的、伦理的、哲学的,简单说,凡是精神上的构造,都是随着经济的构造变化而变化。我们可以称这些精神的构造为表面构造。表面构造常视基础构造为转移,而基础构造的变动,乃以其内部促他自己进化的最高动因,就是生产力,为主动;属于人类意识的东西,<u>丝毫不能加他以影响;他却可以决定人类的精神、意识、主义、思想,使他们必须适应他的行程。</u><u>其二是说生产力与社会组织有密切的关系。</u>生产力一有变动,社会组织必须随着他变动;社会组织即生产关系,也是与布帛菽粟一样,是人类依生产力产出的产物。手臼产出封建诸侯的社会,蒸气制粉机产出产业的资本家的社会。生产力在那里发展的社会组织,当初虽然助长生产力的发展,后来发展的力量到那社会组织不能适应的程度,那社会组织不但不能助他,反倒束缚他、妨碍他了。而这生产力虽在那束缚他、妨碍他的社会组织中,仍是向前发展不已。发展的力量愈大,与那不能适应他的组织间冲突愈迫,结局这旧社会组织非至崩坏不可。这就是社会革命。新的继起,将来到了不能与生产力相应的时候,他的崩坏亦复如是。可是这个生产力,非到在他所活动的社会组织里,发展到无可再容的程度,那社会组织是万万不能打破。而这在旧社会组织内,长成他那生存条件的新社会组织,非到自然脱离母胎,有了独立生存的运命,也是万万不能发生。恰如孵卵的情形一样,人为的助长,打破卵壳的行动,是万万无效的,是万万不可能的。

以上是马克思独特的唯物史观。

摘自李大钊全集[M].北京:人民出版社,2013.

思考题

1. 李大钊是中国最早的一批研究并传播马克思主义的思想家。在李大钊看来，马克思主义的唯物史观指的是什么思想？
2. 阅读马克思的著作，要有化理论为方法的意识。请结合马克思的唯物史观分析社会历史上出现的现象，并以此为主题撰写小论文。

进一步阅读的书目

1. 马克思、恩格斯.共产党宣言[M].北京：人民出版社，2014.

    要理解马克思主义，最好的教材就是马克思和恩格斯亲笔写就的跨时代的伟大著作《共产党宣言》。同学们如果在课余组织青年马克思主义学习社团，在选择学习文本可以选择它。我也开设了"《共产党宣言》精读"的选修课，不少同学从此对马克思主义产生了进一步学习的兴趣。

2. 韩毓海.伟大也要有人懂：少年读马克思[M].上海：少年儿童出版社，2014.

3. 韩毓海.马克思的事业：从布鲁塞尔到北京[M].北京：中信出版社，2017.

4. 韩毓海.一篇读罢头飞雪，重读马克思[M].北京：中信出版社，2014.

    韩毓海是北大中文系教授，他所写的一系列关于马克思主义的著作是近些年我读过的最好、最精彩的马列主义通俗读物。他的书能够排除主观主义和教条主义的干扰，用干净生动的语言向我们展现马克思如何直面时代的问题，如何艰难地做出天才般的回应。

5. 宋鸿兵.货币战争[M].北京：中信出版社，2011.

第十二讲　政治与权力（下）——资本主义掘墓人

知识窗

北京大学的"亢慕义斋"

北大图书馆里珍藏着一份"北大月刊"，这份 96 年前的月刊上刊登了"马克思学说研究会"的成立启事，该研究会由时任北大图书馆主任的李大钊组织发起，成员有邓中夏、高君宇、刘仁静、何孟雄、朱务善、罗章龙等 19 人，其中 14 人成为建党初期的共产党员。习近平总书记前年"五四"到北大考察时看到这份启事，就曾感慨道："追根溯源，看来源头在这里啊！"

1920 年 3 月 31 日，李大钊在北大成立了中国第一个马克思主义研究会——"马克思学说研究会"，时任北大校长的蔡元培专门拨了房间作为研究会的活动室，成员们亲切地称之为"亢慕义斋"，"亢慕义"取义于"共产主义"一词的德文音译。要做一个马克思主义者，首先必须做一个马克思的读者，在"亢慕义斋"里，李大钊组织有志青年搜集整理和翻译马克思、恩格斯、列宁等人的著作，他们时而伏案研读，时而走进群众中进行宣讲。青年毛泽东对于马克思学说的接触，就与这一研究会有极大关系，他曾回忆道："我在北大图书馆当助理员的时候，在李大钊手下，很快地发展，走到马克思主义的路上。看了大量马克思主义的书籍，其中最重要的一本就是《共产党宣言》。"

如今，在北大图书馆依然能看到盖着"亢慕义斋"印章的共产主义文献。

"亢慕义斋"的名字把博大精深的马克思主义学说与中国文明典雅、简洁地结合在一起。

摘自《中国青年报》2016 年 07 月 04 日 02 版

原题为《寻访"亢慕义斋"旧址和李大钊故居》，作者吕其庆

哲学家如是说 A 篇

《共产党宣言》
"资产者和无产者" 选节
马克思、恩格斯

资产阶级用来推翻封建制度的武器,现在却对准资产阶级自己了。

但是,资产阶级不仅锻造了置自身于死地的武器;它还产生了将要运用这种武器的人——现代的工人,即无产者。

世界到底是谁创造的呢? 不少人看到了表面现象:资本带动了世界的繁荣和发展。然而,马克思却看到了实质,而这个实质又恰恰是对古希腊以来整个哲学传统的深刻颠覆。

传统哲学向来重视人的心智(mind)而轻视人的肉体(body)。哲学家被刻画成一批"大头娃娃",他们拥有异常聪明的头脑,额头高耸,身体健不健壮似乎无人理会。亚里士多德向我们描绘了这样的场景:哲学的一个条件就是闲暇——吃饱了不干活,才会动脑筋。在《理想国》中,城邦有三个等级:最高级乃哲学王,其次乃护卫者,最底层的则是生产者。还有大量的文学作品探讨身体和心灵的问题。伟大的小说《巴黎圣母院》展示了人群对一块"生肉"——卡西莫多的厌恶(可雨果告诉我们,恰恰是这块肉给巴黎圣母院带来了灵魂!)。

哲学对心智的重视及对劳动的鄙夷发展到了资本主义阶段,进一步体现为资本对劳动的侵占。"资本"(capital)一词来源于拉丁语 caput,其原意是"头脑"、"幻觉"。资本的确是太幻觉了!一枚毫无流通价值的比特币可以卖出天价,一张印着花花绿绿图案的纸却标以成百上千的面值(马克思的确认为,货币乃资本的完成形态,是一种最典型的资本,它本身一文不值但包含着资本的本质,即信用 credit),一套砖瓦围成的虚空却价值连城!人们对资本价值的崇拜,其实就是对幻觉的信奉,对头脑的推崇。

但是马克思却深刻地指出,任何的头脑没有肉体的支撑都是不健康的,任何幻想都是现实的异化。"哲学家们"都有恋物情结,中世纪人们膜拜人创造的上帝幻觉,资本主义时代人又膜拜资本幻觉,创立了"金钱拜物教"(这些马克思的观点后来都影响了弗洛伊德,有些马克思主义者创发了一套"弗洛伊德的马克思主义")。事实上,上帝是人的幻觉,资本是劳动的异化,没有人就没有上帝,没有劳动就没有健康的资本。马克思洞悉了几千年来被遗忘乃至鄙夷的劳动的重要性,发现了头与手、心与肉之间真实的关系。

劳动的代言人就是无产者。无产者当然"无产",但"无产"并不是他们的本质属性,更不是由于他们不勤劳、不聪明而导致的。相反,马克思凭借其深厚的历史水平(伟大的历史研究必然是历史创制),告诉我们无产阶级即工人阶级是欧洲一批有知识、有手艺的工匠阶层,他们掌握了当时最先进的科技,在政治上最有觉悟。"无产阶级"(proletariat)这个词与古希腊语"城邦"(polis)一词有关联,无产者首先是一名考虑公共利益的公民(civic),而不是自私自利的"小市民"(petty bourgeois)。无产者或工人阶级才是包括资本在内的这个世界的真正创造者。

◆ 结合你对社会的观察和自身的感性体验,讲讲聪明勤奋与个体成功之间的关系。

随着资产阶级即资本的发展,无产阶级即现代工人阶级也在同一程度上得到发展;现代的工人只有当他们找到工作的时候才能生存,而且只有当他们的劳动增殖资本的时候才能找到工作。这些不得不把自己零星出卖的工人,像其他任何货物一样,也是一种商品,所以他们同样地受到竞争的一切变化、市场的一切波动的影响。

由于推广机器和分工,无产者的劳动已经失去了任何独立的性质,因而对工人也失去了任何吸引力。工人变成了机器的单纯的附属品,要求他做的只是极其简单、极其单调和极容易学会的操作。因此,花在工人身上的费用,几乎只限于维持工人生活和延续工人后代所必需的生活资料。但是,商品的价格,从而劳动的价格,是同它的生产费用相等的。因此,劳动越使人感到厌恶,工资也就越少。不仅如此,机器越推广,分工越细致,劳动量就越增加,这或者是由于工作时间的延长,或者是由于在一定时间内所要求的劳动的增加,机器运转的加速,等等。

现代工业已经把家长式的师傅的小作坊变成了工业资本家的大工厂。挤在工厂里的工人群众就像士兵一样被组织起来。他们是产业军的普通士兵,受着各级军士和军官的层层监视。他们不仅仅是资产阶级的、资产阶级国家的奴隶,他们每日每时都受机器、受监工、首先是受各个经营工厂的资产者本人的奴役。这种专制制度越是公开地把营利宣布为自己的最终目的,它就越是可鄙、可恨和可恶。

手的操作所要求的技巧和气力越少,换句话说,现代工业越发达,男工也就越受到女工和童工的排挤。对工人阶级来说,性别和年龄的差别再没有什么社会意义了。他们都只是劳动工具,不过因为年龄和性别的不同而需要不同的费用罢了。

当厂主对工人的剥削告一段落,工人领到了用现钱支付的工资的时候,马上就有资产阶级中的另一部分人——房东、小店主、当铺老板等等向他们扑来。

然而,在资本主义社会,无产者的劳动却成为了一种物化商品。这种商品或货物还不是一般意义上用来交换和消费的商品(比如像牙膏、电脑之类的东西),而成为了一种"金融商品"(对劳动以及劳动所体现出的人的感性活动的发现,使马克思战胜了沉思传统的各类观念论(idealism)和庸俗唯物主义(materialism)或现实主义(realism)。在今天的日常生活层面上,这种观念论和庸俗唯物主义变化为空洞的理想主义和精于世故的利己主义)。

从这个角度，也可以看出马克思的伟大之处。关于劳动商品的分析，在政治经济学家亚当·斯密那里就可以看到。但是，马克思却要对政治经济学得以成立的前提进行批判（巨著《资本论》的小标题乃是"政治经济学批判"），他认为劳动是抵押给资本家的资本，工人之所以被奴役、被物化，本质上是工人的人身悉数抵押给资本家的结果。而劳动者的工资，如果按照商品劳动的观点，应当是等价交换才对，越是勤劳越是生产出质量高的产品，就越能获取高收入。可是事实上，工资只是工人把身心抵押给资本家后，资本家所给予的劳动利息而已。这部分利息的数量仅够维持工人及其后代维持基本的生存。这就是马克思在"巴黎手稿"中提出，并在《资本论》中详加论证的"工资规律"。

◆ 结合马克思的"工资规律"，请你分析为什么"现代工业越发达，男工也就越受到女工和童工的排挤。对工人阶级来说，性别和年龄的差别再没有什么社会意义了。"

……

在当前同资产阶级对立的一切阶级中，只有无产阶级是真正革命的阶级。其余的阶级都随着大工业的发展而日趋没落和灭亡，无产阶级却是大工业本身的产物。

中间等级，即小工业家、小商人、手工业者、农民，他们同资产阶级作斗争，都是为了维护他们这种中间等级的生存，以免于灭亡。所以，他们不是革命的，而是保守的。不仅如此，他们甚至是反动的，因为他们力图使历史的车轮倒转。如果说他们是革命的，那是鉴于他们行将转入无产阶级的队伍，这样，他们就不是维护他们目前的利益，而是维护他们将来的利益，他们就离开自己原来的立场，而站到无产阶级的立场上来。

流氓无产阶级是旧社会最下层中消极的腐化的部分，他们在一些地方也被无产阶级革命卷到运动里来，但是，由于他们的整个生活状况，他们更甘心于被人收买，去干反动的勾当。

在无产阶级的生活条件中，旧社会的生活条件已经被消灭了。无产者是没有财产的；他们和妻子儿女的关系同资产阶级的家庭关系再没有任何共同之处了;现代的工业劳动,现代的资本压迫,无论在英国或法国,无论在美国或德国,都是一样的,都使无产者失去了任何民族性。法律、道德、宗教在他们看来全都是资产阶级偏见,隐藏在这些偏见后面的全都是资产阶级利益。

当然,除了无产阶级,社会中还有许多中间等级,也会和资产阶级作斗争。其中有小商人,他们仅仅做一般商品的交换工作,并从中赚取一些差价来维持生计,这种商品交换行为极大地受制于整个资本市场;农民所生产的农产品的价格也受制于资本市场,一些可作为资本的农产品(比如一些香料)有时候会被炒到天价,但农民又能获利多少呢? 反过来,当这些天价农产品暴跌时,受伤害最大的人又是谁呢?

不过,中间等级有时候是保守的,有时候甚至是反动的。有的是因为他们自身的劣根性,比如传统农业生产方式导致的农民自私;有的是因为对资本高依赖的实际生产状况,比如小工业家、小商人需要向资本家融资才能进行经济活动。不仅如此,农民、商人、工厂主等人本身又因为互相之间的逐利竞争而没有办法团结成一体。所以,这些被压迫者都是不彻底的,唯有无产阶级最具有革命性。

◆ 结合马克思"法律、道德、宗教在他们看来全都是资产阶级偏见,隐藏在这些偏见后面的全都是资产阶级利益"这句话谈谈我国人大立法的优越性。

……

我们已经看到,至今的一切社会都是建立在压迫阶级和被压迫阶级的对立之上的。但是,为了有可能压迫一个阶级,就必须保证这个阶级至少能够勉强维持它的奴隶般的生存的条件。农奴曾经在农奴制度下挣扎到公社成员的地位,小资产者曾经在封建专制制度的束缚下挣扎到资产者的地位。现代的工人却相反,他们并不是随着工业的进步而上升,而是越来越降到本阶级的生存条件以下。工人变成赤贫者,贫困比人口和财富增长得还要快。由此可以明显地看出,资产阶级再不能做社会的统治阶级了,再不能把自己阶级的生存条件当作支配一切的规律强加于社会了。资产阶级不能统治下去了,因为它甚至不能保证自己的奴隶维持奴隶的生活,因为它不得不让自己的奴隶落到不能养活它反而要它来养活的地步。社会再不能在它统治下生存下去了，就是说，它的生存不再同社会相容了。

资产阶级生存和统治的根本条件，是财富在私人手里的积累，是资本的形成和增殖；资本的条件是雇佣劳动。雇佣劳动完全是建立在工人的自相竞争之上的。资产阶级无意中造成而又无力抵抗的工业进步，使工人通过结社而达到的革命联合代替了他们由于竞争而造成的分散状态。于是，随着大工业的发展，资产阶级赖以生产和占有产品的基础本身也就从它的脚下被挖掉了。它首先生产的是它自身的掘墓人。资产阶级的灭亡和无产阶级的胜利是同样不可避免的。

马克思这里提出了"两个必然"的重要论断，即资产阶级必然灭亡和无产阶级必然胜利。在马克思之前，就有不少社会主义者有一些类似的想法，马克思超越他们的地方在于，马克思的论断是基于一套科学的唯物主义方法论。《共产党宣言》向我们宣告了这个结论，并简略地勾画了这个论证。如果你们有兴趣，可试着读读马克思的其他论著。看看马克思是如何超越黑格尔的哲学方法，并将新方法运用到政治经济学的批判上，进而论证新世界的出现。

摘自马克思、恩格斯.共产党宣言［M］.北京：人民出版社，2014.

哲学家如是说 B 篇

我的马克思主义观　选节

李大钊

……

上节所说，是资本家一方面的情形。工人这一方面呢？因受这种新经济势力的压迫，不能不和他们从前的财产断绝关系，不能不出卖他们自己的劳力，不能不敲资本家的大门卖他们自己的人身。因为他们从前卖自己手造的货品的日子过去了，封建制度和基尔特制度的遗迹都消灭了，他们不卖自己的劳力别无东西可卖了！这些工人出卖的劳动力，可以产出很多的余值，一班资本家又能在公开市场里自由购买，这真是资本家们创造新样财产的好机会。但是这种新样财产的造成，全是基于别人的血汗，别人的辛苦。他们新式财产之成功，就是从前基于自己劳力而成的旧式财产之破灭。少数资本家的工厂，就是多数无产阶级的大营。<u>从前的有产阶级，为了这个事业，不知费了多少心力，奔走呼号了三世纪之久，他们所标榜的"人权"、"工人自由"的要求，正是他们胜利的凯歌。因为他们要想在市场里收买这种便宜货品，必须使这些工人脱离以前的关系，能够有自由权以出售他自己。他们的事业成功了，工人的运命也就沉落在地底了！</u>

资本主义是这样发展的，也是这样灭亡的。他的脚下伏下了很多的敌兵，有加无已，就是无产阶级。这无产阶级本来是资本主义下的产物，到后来灭资本主义的也就是他。现在各国经济形势，大概都向这一方面走。大规模的产业组织的扩张，就是大规模的无产阶级的制造。过度生产又足以缩小市场，时常缩小，就是工人超过需要，渐渐成了产业上的预备军，惟资本家之命是听，呼之来便来，挥之去便去。因为小产主的消灭与牧业代替农业的结果，农村的人口也渐集中于都市，这也是助长无产阶级增长的一个原因。无产阶级愈增愈多，资本愈集中，资本家的人数愈少。从前资本家夺取小手工小产业的生产工具，现在工人要夺取资本家的生产工具了。从前的资本家收用手工和小产业的生产工具，是以少数吸收多数压倒多数，现在工人收用资本家的生产工具，是以多数驱逐少数，比从前更容易了。因为无产阶级的贫困，资本家在资本主义下已失救济的能力，阶级的竞争因而益烈。竞争的结果，把这集中的资本收归公有，又是很简单的事情。"善泅者死于水，善战者死于兵。"凡物发达之极，他的发展的境界，就是他的灭亡的途径。资本主义趋于自灭，也是自然之势，也是不可避免之数了。从前个人自有生产工具，所以个人生产的货品当归私有，现在生产的形式已经变为社会的，这分配的方法，也该随着改变应归共有了。<u>资本主义的破坏，就是私有财产制的破坏。因为这种财产，不是由自己的劳工得来的，是</u>

用资本主义神秘的方法掠夺他人的辛苦得来的,应该令他消灭于集产制度之下,在资本主义未行以前,个人所有的财产,的确是依个人的劳工而得的。现在只能以社会的形式令这种制度的精神复活,不能返于古昔个人的形式了。因为在这大规模的分工的生产之下,再复古制是绝对不可能。只能把生产工具由资本家的手中夺来,仍以还给工人,但是集合的,不是个人的,使直接从事生产的人得和他劳工相等的份就是了。到了那时,余工余值都随着资本主义自然消灭。

……

摘自李大钊全集[M].北京:人民出版社,2013.

◆◆◆
《1844 年经济学哲学手稿》选节
马克思

……

让我们从当前的经济事实出发吧:

工人生产的财富越多,他的产品力量和数量越大,他就越贫穷。工人创造的产品越多,他就变成廉价的商品。物的世界的增值同人的世界的贬值成正比。劳动不仅生产商品,它还生产作为商品的劳动自身和工人,而且是按它一般生产商品的比例生产的的。

……

(按照国民经济学的规律,工人在他的对象中的异化表现在:工人生产得越多,他能够消费的越少:他创造价值越多,他自己越没有价值,越低贱:工人的产品越完美,工人自己越畸形:工人创造的对象越文明,工人自己越野蛮:劳动越有力量,工人越无力:劳动越机巧,工人越愚钝,越成为自然界的奴隶。)

国民经济学以不考察工人(即劳动)同产品的直接关系来掩盖劳动本质的异化。当然,劳动为富人生产了奇迹般的东西,但是为工人生产了赤贫。劳动创造了宫殿,但是给工人创造了贫民窟。劳动创造了美,但是使工人变成畸形。

劳动用机器代替了手工劳动，但是使一部分人回到野蛮的劳动，并使一部分工人变成机器。劳动生产了智能，但是给工人生产了愚钝和痴呆。

……

谁能买到勇气，谁就是勇敢的，即使他是胆小鬼。因为货币所交换的不是特定的性质，不是特定的事物或特定的人的本质力量，而是人的、自然的整个对象世界，所以，从货币持有者的观点看来，货币能把任何特性和任何对象同其他任何即使与它相矛盾的特性或对象相交换，货币能使冰炭化为胶漆，能迫使仇敌互相亲吻。

我们现在假定人就是人，而人同世界的关系是一种人的关系，那末你就只能用爱来交换爱，只能用信任来交换信任，等等。如果你想得到艺术的享受，那你就必须是一个有艺术修养的人。如果你想感化别人，那你就必须是一个实际上能鼓舞和推动别人前进的人。你同人和自然界的一切关系，都必须是你的现实的个人生活的、与你的意志的对象相符合的特定表现。<u>如果你在恋爱，但没有引起对方的反应，也就是说，如果你的爱作为爱没有引起对方的爱，如果你作为恋爱者通过你的生命表现没有使你成为被爱的人，那么你的爱就是无力的，就是不幸。</u>

摘自马克思. 1844 年经济学哲学手稿［M］. 北京：人民出版社, 2000.

思考题

1. 《1844 年经济学哲学手稿》亦称"巴黎手稿"，是马克思最重要的著作之一。请结合你们的感性生活，读读上述段落，并谈谈你对这种"异化"（alienation）现象的看法。

2. 你们想必在其他课上学习了不少和西方政治经济学有关的内容。马克思对政治经济学的批评之一在于它们只能从一些虚构的前提出发，而这些虚构的前提本身就是带着利益偏见的。马克思对经济问题的分析是对政治经济学的扬弃，因为他"让我们从当前的经济事实出发"。那么，你们所知道的传统政治经济学的虚构前提还有哪些呢？

3. 大众通俗小说《三体》提出一个发人深省的问题：如果我爱一个人，我爱的到底是这个人，还是这个人在我脑海中的观念？

　　青年之友马克思告诉我们，当然应该爱他（她），而不是他（她）在我头脑的观念，"如果你的爱作为爱没有引起对方的爱，如果你作为恋爱者通过你的生命表现没有使你成为被爱的人，那么你的爱就是无力的，就是不幸"！

　　不过，许多人的爱就是如此不幸，因为他（她）们爱的是某些观念（idea）以及这些观念间的比较和算计（speculate），而不是爱某个人。这些观念包括了恋爱者的身高、年龄、地位、购买力等，当他（她）不符合既定的白马王子或白雪公主的观念时，那么他（她）就不值得爱。爱情变成了虚拟的幻想或者一笔生意——纯情少年或少女们对美好爱情的奇想和各地相亲角的荒诞是最好的例证。什么叫做真爱呢？当我见到他（她）的那一刻，头脑中关于一切爱的既有标准、态度、观点、设定全部失效，而只知道喜欢他（她），爱情就来了。

　　从这个意义上讲，马克思认为传统西方哲学也是不幸的，他们陷入了观念主义（idealism）和理性主义（rationalism）的泥沼。马克思改造了费尔巴哈式唯物主义者的庸俗实践观念，进一步用人的感性实践活动来突破思辨传统的哲学。

　　从爱的角度去理解人类的实践活动，是了解马克思主义哲学的一把金钥匙。

进一步阅读的书目

1. 戴维·麦克莱伦. 马克思传［M］. 北京：中国人民大学出版社, 2016.

2. 有一些和马克思主义哲学相关的视频值得一看，比如由内蒙古卫视拍摄的电视片《开卷有理之马克思靠谱》。它一集集介绍马克思的生平和相关思想，内容虽然比较浅显，但形式新颖，也比较符合青年学生的口味。

3. 卓别林主演的经典喜剧电影"摩登时代"极其辛辣地讽刺了资本主义生产方式下人的异化。人不能按照自己的意愿来生活，而只能根据"物的节奏"来运转。这是喜剧人对资本主义的伦理批判。

参考书目

1. A. L. Brueckner and J. M Fischer. "Why Is Death Bad?" [J]. *Philosophical Studies*, 1986, Vol. 50 (2).

2. Anselm. *Proslogium*; Translated By Sidney Norton Deane. *Monologium: An Appendix In Behalf Of The Fool By Gaunilo* [M]. Chicago: The Open Court Publishing Company, 1903, reprinted 2008.

3. Duncan Prtichard. "Contemporary Skepticism". From Internet Encyclopedia of Philosophy.

4. Edmund Gettier. "Is Justified True Belief Knowledge?" [J]. *Analysis*, Vol. 23, pp. 121 – 23 (1963).

5. G. E. Moore. "Proof of an External World". *Philosophical papers*. George Allen & Unwin Ltd. 1959.

6. Goldman A, Olsson E. "Reliabilism and the Value of Knowledge" [J]. *Epistemic value*, 2009.

7. Internet Encyclopedia of Philosophy

8. Nigel Warburton: *A Little History of Philosophy* [M]. New Haven: Yale University Press, 2012.

9. Pritchard D. *What is This Thing Called Knowledge?* [M]. Routledge, 2009.

10. Simon Blackburn. *The Oxford Dictionary of Philosophy*

［M］. New York：Oxford University Press，2007.

11. Stanford Encyclopedia of Philosophy

12. Wikipedia

13. Zagzebski L. "The Search for the Source of Epistemic Good"［J］. *Metaphilosophy*，2003.

14. 柏拉图著,郭斌和、张竹明译.理想国［M］.北京：商务印书馆,2002.

15. 北京大学哲学系编译.西方哲学原著选读［M］.北京：商务印书馆,1981.

16. 陈波.悖论研究［M］.北京：北京大学出版社,2014.

17. 笛卡尔著,庞景仁译.第一哲学沉思集［M］.北京：商务印书馆,1986.

18. 范·因瓦根.形而上学［M］.北京：北京大学出版社,2007.

19. 冯契、徐孝通主编.外国哲学大辞典［Z］.上海：上海辞书出版社,2000.

20. 韩毓海.马克思的事业：从布鲁塞尔到北京［M］.北京：中信出版社,2017.

21. 韩毓海.伟大也要有人懂：少年读马克思［M］.上海：少年儿童出版社,2014.

22. 韩毓海.一篇读罢头飞雪,重读马克思［M］.北京：中信出版社,2014.

23. 卡尔·萨根.卡尔·萨根的上帝［M］.海口：海南出版社,2010.

24. 柯匹、科恩.逻辑学导论(第 11 版)［M］.北京：中国人民大学出版社,2007.

25. 罗伯特·所罗门.哲学导论——综合原典阅读教程［M］.北京：世界图书出版公司,2012.

26. 马克思.1844 年经济学哲学手稿［M］.北京：人民出版社,2000.

27. 马克思、恩格斯.共产党宣言［M］.北京：人民出版社,2014.

28. 迈克尔·路克斯.当代形而上学导论［M］.上海：复旦大学出版社,2008.

29. 苗力田主编.古希腊哲学［M］.北京：中国人民大学出版社,1989.

30. 帕斯卡著,何兆武译.思想录［M］.北京：商务印书馆,2013.

31. 庞德斯通.推理的迷宫［M］.北京：中信出版集团股份有限公司,2015.

32. 斯通夫、费泽.西方哲学史：从苏格拉底到萨特及其后(影印第 8 版)［M］.北京：世界图书出版公司北京公司,2013.

33. 所罗门、希金斯.大问题：简明哲学导论(第 9 版)［M］.桂林：广西师范大学出版社,2014.

34. 特奇安、比尔森.卡尔·萨根的宇宙[M].上海：上海科技教育出版社,2000.

35. 徐向东.怀疑论、知识与辩护[M].北京：北京大学出版社,2006.

图书在版编目（CIP）数据

哲学家说些什么/华厦编著. —上海：华东师范
大学出版社,2018
ISBN 978 - 7 - 5675 - 8115 - 9

Ⅰ.①哲⋯ Ⅱ.①华⋯ Ⅲ.①哲学课—高中—教材
Ⅳ.①G634.211

中国版本图书馆 CIP 数据核字（2018）第 173890 号

哲学家说些什么

编　　著	华　厦
策划组稿	王　焰
项目编辑	王国红
特约审读	韩　蓉
责任校对	王婷婷
装帧设计	卢晓红

出版发行　**华东师范大学出版社**
社　　址　上海市中山北路 3663 号　邮编 200062
网　　址　www.ecnupress.com.cn
电　　话　021 - 60821666　行政传真 021 - 62572105
客服电话　021 - 62865537　门市（邮购）电话 021 - 62869887
地　　址　上海市中山北路 3663 号华东师范大学校内先锋路口
网　　店　http://hdsdcbs.tmall.com/

印 刷 者　苏州工业园区美柯乐制版印务有限公司
开　　本　787×1092　16 开
印　　张　9.75
字　　数　141 千字
版　　次　2018 年 9 月第 1 版
印　　次　2018 年 9 月第 1 次
书　　号　ISBN 978 - 7 - 5675 - 8115 - 9/B·1152
定　　价　35.00 元

出 版 人　王　焰

（如发现本版图书有印订质量问题,请寄回本社客服中心调换或电话 021 - 62865537 联系）